O NOBRE DEPUTADO

O NOBRE DEPUTADO

RELATO **CHOCANTE** (E VERDADEIRO) DE COMO NASCE, CRESCE E SE PERPETUA UM **CORRUPTO** NA POLÍTICA BRASILEIRA

MÁRLON REIS

LeYa

Diretor editorial: Pascoal Soto
Editora executiva: Maria João Costa
Assessora editorial: Raquel Maldonado
Revisão de texto: Fabricio Yassuo
Design de Capa: Ideias com Peso
Diagramação: Abreu's System
Produção Gráfica
Direção: Eduardo dos Santos
Gerência: Fábio Menezes

CIP-BRASIL. CATALOGAÇÃO-NA-FONTE
SINDICATO NACIONAL DOS EDITORES DE LIVROS, RJ

Reis, Márlon
O nobre deputado: relato chocante (e verdadeiro) de como nasce, cresce e se perpetua um corrupto na política brasileira / Márlon Reis. -- Rio de Janeiro : LeYa, 2014
120 p.

ISBN 978-85-441-0045-5

1. Brasil – Política e governo 2. Corrupção na política – Brasil I. Título

14-0310 CDD: 364.1323

2014

TEXTO EDITORES LTDA.
[Uma editora do Grupo LeYa]
Rua Desembargador Paulo Passaláqua, 86
01248-010 – Pacaembu – São Paulo – SP – Brasil
www.leya.com.br

Procure outra coisa para escrever.
Tanta coisa para se escrever
sobre as belezas de São Luís... Isso o povo adora:
a beleza, o glamour. Escreva sobre isso.
Ou ninguém vai comprar seu livro.
As eleições, como elas ocorrem hoje, são uma farsa.
Quem é vai querer ler um livro sobre uma mentira?
As pessoas de menor credibilidade
no Brasil são os políticos.
Pense em outro livro. E também pense
na sua carreira para ver se você chega ao tribunal.

Conselho dado ao autor por
um dos políticos entrevistados
durante a pesquisa que originou este livro.

Sumário

Parte II
Como converter dinheiro em votos

Introdução

Pagou, levou

– Por que aqui?

Eu estava intrigado, e após um aperto de mão protocolar, não pude conter a curiosidade. Estávamos na praça de alimentação do shopping mais movimentado da cidade, local escolhido por meu entrevistado. Ele, político influente disposto a fazer inconfidências sobre a própria classe, poderia ter pensado em um lugar mais reservado.

– Os lugares públicos são os mais discretos. As pessoas têm dificuldade em ver o que está bem debaixo dos seus olhos.

Fazia todo sentido. Para onde eu olhasse, via trabalhadores de escritório devorando solitariamente sanduíches e esfirras, absortos com seus telefones. Vários grupos de adolescentes, recém-saídos da aula, faziam a algazarra habitual. Às suas gargalhadas somavam-se o barulho das louças e talheres, mais a música ambiente do shopping, quase imperceptível sob a parede sonora criada pela multidão.

Ninguém estava interessado em nós. Se alguém estivesse, o ruído do ambiente faria o trabalho de tornar nossa conversa incompreensível – a mesa mais próxima estava a alguns metros da nossa. Perguntei-lhe se poderia ligar o gravador.

– Não.

Então avisei que tomaria notas no laptop. Compreendia perfeitamente o temor do meu entrevistado. Ele passara dois anos preso, acusado de homicídio e envolvimento com o narcotráfico. Estava solto havia pouco tempo, mas já o suficiente para presidir o Diretório de um partido político. Tinha mesmo muito a temer. Assumi o compromisso de jamais revelar sua identidade.

Eu fazia uma pesquisa sobre a ligação entre um certo tipo de crime e o financiamento das campanhas eleitorais – tudo isso aconteceu em 2007, muito antes de eu sequer pensar em escrever este livro. Aquele homem era a minha principal fonte. Ele estava nos dois mundos, o crime organizado e a política. Mas a conversa se revelaria infrutífera para aquela pesquisa em particular. Meu informante se esquivava das minhas perguntas como um pugilista experiente.

Quando eu quase desistia da luta, ele abriu a guarda inesperadamente. Entrou em outro assunto também ligado às eleições. Foi ali que pela primeira vez ouvi algo sobre os esquemas de compra de apoio político de lideranças. No breve tempo em que estivemos juntos, tomei algumas notas sobre como eram identificados e aliciados os cabos eleitorais. Eu tinha boas pistas sobre o método. Mas tudo era ainda muito confuso. Como meu objeto de pesquisa era outro, não me aprofundei no assunto.

Quatro anos depois, o acaso faria com que esse assunto voltasse à tona.

Eu e um senador embarcamos no mesmo voo e, por coincidência, nos sentamos lado a lado. Muitos parlamentares me conhecem por meu envolvimento com a aprovação da Lei da Ficha Limpa. Ele era um daqueles com quem já havia conversado diversas vezes.

Na época, eu trabalhava em um artigo que especulava sobre o porquê do custo absurdo das eleições brasileiras. A sorte me jogou no colo a oportunidade de pular etapas, questionando diretamente um senador eleito nesse sistema. Sabia que era meu dever fazer as perguntas, mas não nutria muita expectativa. Esperava respostas evasivas, negativas hipócritas, falsas promessas de um novo encontro onde talvez alguma informação relevante pudesse aflorar. A sinceridade do senador, entretanto, me deixou atônito. Não tinha como anotar e obviamente não seria autorizado a gravar. Restava contar com a memória para guardar o que ele me dizia.

Ele me explicou que o resultado de qualquer eleição brasileira já estava definido muito antes do encerramento da votação. Muito antes da abertura das urnas. A vontade do eleitor individual não vale nada no processo. O que conta é a quantidade de dinheiro arrecadado para a campanha vencedora, que usa a verba num infalível esquema de compra de votos. Arrecadou mais, pagou mais. Pagou mais, levou. Simples assim. Claro que a arrecadação se dá por expedientes muito distantes da legalidade e de qualquer noção de lisura. O senador me contou em linhas gerais como se dava todo processo, mas não soube extrair dele os detalhes.

Na minha cabeça, o segundo episódio trouxe de volta o primeiro e fez crescer o meu interesse por essa história. Queria voltar ao tema, só que agora iria até o fim.

Tratei de definir uma estratégia e um método. O objetivo era verificar o que realmente acontece nas campanhas eleitorais vitoriosas, especialmente para os cargos de deputado federal e estadual. Eu teria de entrevistar pessoas de diferentes Estados para verificar se o mesmo padrão se repetia em todo o território nacional. Confrontaria o resultado com provas coletadas em processos judiciais que tramitaram em tribunais de diversas partes do país.

Decidi entrevistar apenas pessoas ligadas ao poder político, integrantes de campanhas vitoriosas. Pessoas que participaram de ações que culminaram na eleição de deputados. Não quis ouvir nenhum derrotado, nenhum oposicionista.

Outra decisão minha foi entrevistar apenas pessoas que aceitassem que suas declarações fossem gravadas. Assim eu poderia guardar comigo os detalhes de cada afirmação, sem depender exclusivamente da memória ou de notas que, além de serem imprecisas, atrapalhariam a fluência da conversa.

É certo que essa condição tornou mais difícil a minha empreitada. Poucos querem ter a voz vinculada a um depoimento dessa natureza.

Assegurei a todos os entrevistados o mais completo anonimato. Prometi a eles que suas vozes só viriam a público depois de passar por um processo eletrônico de alteração de timbre. As transcrições das gravações seriam feitas por uma só pessoa, em Portugal, para evitar que qualquer brasileiro tivesse em mãos o áudio original das entrevistas.

Algumas fontes me receberam em suas próprias casas. Uma delas abriu as portas de seu gabinete em uma Assembleia Legislativa. Mas houve também quem, em nome da preservação do sigilo, preferisse falar comigo dentro de um carro parado à beira de uma rodovia.

Chamou a minha atenção a coerência entre os depoimentos de pessoas que vivem em diferentes Estados e não se conhecem entre si. Ao responder um questionário padronizado, todas elas se referem às mesmas práticas, todas o fazem em detalhes minuciosos.

Aqui nada está quantificado. Não sei dizer quantas vezes se repetem os fatos narrados neste livro, nem onde exatamente todos eles se dão. Mas estou convencido de que as entrevistas desvendam o comprometimento do Congresso Nacional e das Assembleias Legislativas com uma gigantesca máquina que vicia todo o processo eleitoral do Brasil de forma assustadoramente eficiente.

"O Nobre Deputado" é um personagem fictício que eu criei para dar corpo às vozes de uma dezena de pessoas que decidiram falar de modo franco e sem limites sobre os bastidores das campanhas eleitorais. Quis retirar da narrativa a rudeza dos depoimentos formais. Esse personagem é o rosto, sem maquiagem ou retoques, de uma realidade que sobreviveu à chegada do século 21 no Brasil. Com a palavra, Sua Excelência.

Parte I

De onde vem o dinheiro

1

O político, um incompreendido

Meu nome é Cândido Peçanha. Sou um deputado eleito democraticamente para representar o povo de meu Estado.

É claro que não me chamo Cândido Peçanha. Antes que você me acuse de ser mentiroso – "como todo político", você dirá –, digo que estou aqui para contar a verdade que todo político esconde de seus "eleitores". Por que escrevi "eleitores" entre aspas? Porque não existem eleições. A grande farsa eleitoral brasileira é o tema deste livro. Se tenho um espaçoso gabinete com cadeira de couro, um Portinari legítimo na parede e mesa de jacarandá, é porque paguei por isso. Eu perderia tudo isso caso revelasse minha identidade verdadeira. Muito provavelmente, já estaria morto e enterrado muito antes de você ter começado a folhear estas páginas. Como nem eu nem você queremos calar a voz de quem expõe as entranhas da política, melhor fingir que meu nome é Cândido Peçanha e aceitar o fato de que, para todos os fins, fui eleito democraticamente.

Sou deputado e represento o povo do meu Estado. Não sou funcionário do povo, não. Essa é uma visão distorcida da política, disseminada – eu admito – por nós mesmos para bajular a gente que pensa que nos elegeu. Sou funcionário do meu partido e presto serviços à nação. Devo obediência às minhas lideranças partidárias, é a elas que me reporto e cabe a elas definir os rumos da minha carreira. Os líderes do meu partido são, portanto, meus chefes – não o povo.

Isso não nos faz piores do que médicos ou professores do serviço público. Nenhum cidadão pode interromper uma cirurgia num hospital do Estado para exigir que o médico examine sua laringe inflamada. Tampouco seria justificável a atitude de uma mãe que exigisse a demissão de um professor por ter reprovado seu filho. Se educadores e profissionais da saúde não devem obediência aos cidadãos, os políticos também não devem. Temos coisas mais importantes e urgentes a fazer do que atender às demandas imediatas deste ou daquele cidadão que votou em nós. Só que o povo não entende isso.

Meu trabalho, como qualquer trabalho, é pautado por interesses. Represento os interesses do povo em diversos níveis: meu país, meu Estado, minha cidade, meus amigos, minha família, meus interesses próprios. Nessa ordem crescente. Você também age assim, pense bem. Ou por acaso você já deixou de servir o almoço para seus filhos para alimentar as vítimas da seca? É da natureza da nossa espécie garantir o que é seu (e o que é das pessoas queridas) antes de pensar no bem-estar da comunidade. Alguém sem esse instinto de autopreservação é completamente inútil em qualquer missão – acaba aniquilado antes de poder atender aos interesses do próximo ou do distante. Todo altruísmo é desfaçatez. Desculpe se essa afirmação estragou o seu dia, mas, como já disse, estou aqui para falar das coisas como elas são. Na política não há espaço para ingênuos e sonhadores.

A política é movida a dinheiro e poder. Dinheiro compra poder, e poder é uma ferramenta poderosa para se obter dinheiro. É disso que se trata as eleições: o poder arrecada o dinheiro que vai alçar os candidatos ao poder. Saiba que você não faz diferença alguma quando aperta o botão verde da urna eletrônica para apoiar aquele candidato oposicionista que, quem sabe, possa virar o jogo. No Brasil, não importa o Estado, a única coisa que vira o jogo é uma avalanche de dinheiro. O jogo é comprado, vence quem paga mais. Sempre foi assim e sempre será, pois os novatos que ingressam com ilusões de mudança são cooptados ou cuspidos pelo sistema.

Meu objetivo aqui é revelar como o poder transforma dinheiro em poder. É um sistema de engenhosidade formidável, complexo e encantador. Para explicá-lo, dividi meu relato em duas partes: a primeira é dedicada a esmiuçar os mecanismos de que os partidos dispõem para financiar suas campanhas eleitorais; a segunda mostra como o dinheiro é convertido em votos de forma quase infalível.

Você conhecerá a seguir as fontes que abastecem as campanhas eleitorais. Elas são muitas, porém vou me ater às mais importantes: as emendas parlamentares, os convênios celebrados entre os governos e as licitações fraudulentas. Há ainda um quarto meio de arrecadação, pouco falado e muito frequente nos rincões do país: a agiotagem. No meio político, acredite, ela consegue ser ainda mais cruel e inclemente.

Antes de entrarmos nos fascinantes meandros das emendas parlamentares, contudo, eu gostaria de fazer uma correção. Há pouco, eu disse que a política era movida a dinheiro e poder. Esqueci-me de um terceiro elemento, vital para a atividade de qualquer homem público: a vaidade. É ela que nos move a pleitear um cargo de destaque, a conquistar posições privilegiadas entre nossos pares, a nos encher de perfume para dar uma entrevista no telejornal da manhã. É ela que nos faz degustar com deleite cada segundo de aplauso num comício, esquecendo momentaneamente que aquela multidão chegou ali em ônibus fretados pelo partido.

Foi a vaidade que me convenceu a dar este depoimento tão sincero sobre a política brasileira. Sei que permanecerei anônimo – e é melhor que seja assim –, mas a vaidade de um homem não se alimenta apenas da adulação dos outros. Pelas palavras que virão a seguir, fico em paz comigo mesmo porque tenho a certeza de que estou servindo o meu país como um homem de bem.

2

O assalto ao orçamento

A política é uma arte que desafia a ciência. Como a física explicaria, por exemplo, que um deputado tem direito a dois gabinetes, em Brasília e outro no Estado de origem? E que, além disso. pode dar posto de trabalho a até 25 secretários parlamentares. Os jornais nos criticam por isso, mas o número deveria ser maior. Afinal, temos muitas pessoas a acomodar. E a genética, então? Algumas tentativas de conceber lideranças políticas de proveta resultam em criaturas que não compartilham sequer um cromossomo do pai.

Nada se compara, entretanto, àquilo que nós, os políticos, fazemos com a matemática. Quando os números correspondem a valores em dinheiro, temos o poder de fazer com que uma quantia destinada a obras públicas sirva também para somar recursos para a conta particular dos prefeitos e multiplicar o caixa do partido. Quando representam a área de um hospital ou a extensão de uma estrada, o todo se transforma em fração sem que nenhuma operação oficial tenha sido efetuada. Obviamente, não estamos falando de mágica, embora a contabilidade muitas vezes se aproxime das ciências ocultas. Com um bom contador, conhecimento do sistema, influência e os contatos certos, o parlamentar encaminha habilmente para seu caixa de campanha parte do dinheiro que arrecada para distribuir benesses em sua base eleitoral. Quando bem-feita, essa operação não atrai a atenção de ninguém e é aprovada pelos tribunais de conta. Ninguém perde com isso.

Você já deve ter ouvido falar em emendas parlamentares, mas provavelmente nunca se interessou de fato em saber o que elas são. A maior parte da população instruída – falo de gente que acompanha o noticiário –, vê com profundo tédio as reportagens sobre o impasse na aprovação do orçamento, quando parlamentares de todos os partidos e todos os Estados se digladiam para obter uma fatia maior de recursos a serem distribuídos em seus redutos eleitorais. Sim, tudo isso é muito chato. Quem está interessado no chororô de deputados para a obtenção de verbas que resultarão em ambulâncias no Ceará ou em uma barragem em Santa Catarina? Nós não estamos interessados em que você tenha interesse nisso. Quanto mais modorrenta a coisa parecer, menos fiscalização sobre nós. É maior o espaço de manobra para obtermos verbas vultuosas que alocaremos do modo que nos for mais conveniente.

De repente o assunto ficou interessante, não é? Pois então deixe-me explicar como o sistema funciona.

Nós, como deputados, temos a prerrogativa de alterar o conteúdo do orçamento da União. Um único parlamentar pode injetar alguns milhões de reais no orçamento e, mais que isso, designar o destino da aplicação dessa verba toda. São até 21 emendas por deputado. Nem tudo é aprovado, claro, porém as perdas já são calculadas de antemão. Dá para comprometer, só com as emendas incorporadas ao orçamento, perto de R$ 20 bilhões. É realmente muito dinheiro. E não podemos dispensar nenhum centavo.

Eu, Cândido Peçanha, tenho atualmente quatro fundações diretamente ligadas a meu gabinete. São elas: o Instituto da Luz Amarela, a Fundação Paz e Trabalho, a Associação de Moradores da Aurora Nova e a Legião de Mesquita para o Voluntariado. As três primeiras operam no Estado onde eu sou votado; a outra fica a milhares de quilômetros de lá. Nem eu sei bem onde ela fica, para dizer a verdade, porque isso não é relevante. Uma das facilidades de burlar o sistema vem justamente de não ser obrigatória a proximidade geográfica entre a base eleitoral do parlamentar e a sede da entidade beneficiária. Fica mais difícil o trabalho para qualquer promotor ou ativista chato.

Além disso, tenho 14 prefeitos sob minha influência. Eles me ajudam a ser eleito. Eu os ajudo a permanecer no poder em seus municípios. Eles precisam de dinheiro. Eu preciso de dinheiro. A emenda parlamentar é uma fonte certa e segura de garantir que nossas necessidades sejam atendidas.

Em Palmeira dos Viajantes fica a sede da Fundação Paz e Trabalho. Não há ninguém por lá – quem quiser visitar a instituição vai encontrar uma mercearia que nos repassa a correspondência que chega pelo correio. Mas a documentação está perfeita. Tudo tramitou adequadamente, e transformamos a Paz e Trabalho numa OSCIP – Organização da Sociedade Civil de Interesse Público. Conquistada essa classificação, a entidade está autorizada a fazer contratos diretamente com o governo, sem licitação. Firmamos apenas um termo de parceria e pronto! Já podemos ver o dinheiro sair diretamente dos cofres da União para... os bolsos de todos os interessados.

De todos os nomes que figuram como diretores da entidade, só atua mesmo o presidente, o Joca Moreira. Ele trabalhava como capataz em uma das fazendas de Nélio Araújo, o barão do amendoim de Palmeira dos Viajantes. Foi picado por um marimbondo em um dos olhos, perdeu parcialmente a visão e se aposentou por invalidez no INSS. Passou a fazer serviços de toda natureza para várias pessoas influentes na região – inclusive eu. Na Paz e Trabalho, seu papel é muito simples: transferir dinheiro de uma conta para outra e assinar a prestação de contas. Como não tem formação escolar – Joca trabalhou na roça desde os cinco anos de idade –, ele apenas assina o que lhe é apresentado.

Um contador cuida da regularidade das contas. Seu nome é Sebastião Tomé – mas bem poderia se chamar Paracelso, dada a sua habilidade de transformar papel em ouro. Sebastião é uma pessoa boa. Só não soube ganhar dinheiro para ele mesmo. Se ganhou, não guardou. Não chegou nem a comprar uma moto.

Conheço e trabalho com Sebastião há muito tempo, desde quando eu era um ávido aprendiz das artes políticas. Naquela época eu cumpria ordens. Ainda não tinha concorrido a nenhum cargo, trabalhava no gabinete do deputado Pedro Cautaria – que Deus o tenha.

O deputado havia me enviado para a parte mais velha da cidade, onde ficava o baixo meretrício – área que eu conhecia mal, pois naquele tempo ainda não bebia nem obtinha sexo por dinheiro. Caminhava pelas vielas observando com horror o cenário ao redor. Precisava me desviar das crianças com barriga de verme, que jogavam bola no meio da rua. Um rápido olhar para cima permitia vislumbrar as vadias, apenas de sutiã, pendurando seus farrapos para secar em varais improvisados nas janelas do segundo andar; mas a prudência mandava trazer os olhos de volta ao chão, onde numerosas poças de água infecta se punham em meu caminho. As portas dos sobrados eram altas, feitas de madeira carcomida pelo tempo. Em todas elas, moças macilentas se ofereciam por muito pouco dinheiro – a epidemia da Aids havia acabado de explodir, afastando a clientela da zona. Eu tentava não encostar em nada nem em ninguém, com medo de pegar piolho ou coisa pior. Não encontrava o endereço para onde o deputado me enviou porque os números não obedeciam a uma lógica. Pensei em voltar, mas o deputado havia me dito que ele era o melhor. E o mais barato. Decidi andar um pouco mais. Não era para voltar sem encontrá-lo.

Menos de cem metros depois, vi dois homens obesos, sem camisa e suados. Eles jogavam damas com o tabuleiro equilibrado nos joelhos, cada um num banco sem encosto. Estavam na calçada de um bar com aparência insalubre, onde havia uma mesa de sinuca com o feltro rasgado, um balcão com tremoço, ovos cor-de-rosa e saquinhos de pipoca de arroz, mais uma prateleira com cachaça, Cinzano e jurubeba. O cheiro forte de fritura mascarava os odores repugnantes da rua.

Pelo menos poderia perguntar aos homens onde era o escritório do contador. A resposta de um deles não foi das mais amistosas:

– O que você quer com ele?

– Sou do gabinete do deputado Pedro Bernal. Ele disse que você já sabia do assunto.

Sem tirar o cigarro aceso do canto da boca nem os olhos do tabuleiro, o jogador de damas prosseguiu:

– Pois é. Sou eu. Trouxe o papel?

Fiquei surpreso, porém acreditei. Tirei da pasta umas notas e as dei ao homem. Ele passou o antebraço direito na testa para enxugar um pouco o suor. Depois, meteu a mão numa antiga valise preta, daquelas feitas de napa, com um zíper grande que não fechava mais. De lá sacou um velho carimbo, com as letras deformadas pelo uso ao longo de muitos anos. Aquela foi a primeira vez que presenciei uma falsificação de documento público.

É bem verdade que, de lá para cá, as coisas se sofisticaram um pouco. Não é mais possível produzir documentos falsos de maneira tão grosseira. O meu contador não é mais o mesmo da rua do prostíbulo... mas as fraudes são.

Todo deputado sabe disso: as emendas são a chave da próxima eleição. É o nosso financiamento público de campanhas. Ao definir o orçamento, nós já fixamos as verbas que irão parar em nossas entidades e nas prefeituras amigas. Desde a elaboração da emenda, cada detalhe é pensado para que o dinheiro possa mais tarde ser destinado a alguma prefeitura ou instituição que receba essa quantia, ciente do compromisso assumido. Precisamos ter certeza de que uma parte significativa do dinheiro das emendas retornará para a nossa campanha eleitoral.

Quem quer disputar seriamente uma eleição não pode se descuidar com o dinheiro. Se nós brincarmos com isso, certamente nosso adversário não perderá seu tempo. Não pense que as emendas são úteis somente para aqueles que estão do lado do poder. Também os oposicionistas têm direito a elas. Podem encontrar um pouco mais de dificuldade para obtê-las, mas é ingênuo quem pensa que poderia ser diferente.

É por isso que existem governo e oposição. A diferença entre ser governista e ser oposicionista reside em ter maior ou menor acesso às emendas. Mas todos nós temos acesso em algum nível, e esse dinheiro será sempre destinado para finalidades eleitorais. Ele assegura que saiamos na frente dos nossos adversários.

Além de prover dinheiro fácil para a campanha, a emenda traz outra vantagem preciosa para o parlamentar que ambiciona se reeleger. De imediato, mostra às nossas bases eleitorais que somos influentes o bastante para levantar recursos em benefício delas. Isso fortalece as relações de confiança que mantemos com as prefeituras parceiras.

Você já deve ter percebido, a essa altura, que é o dinheiro público que financia as nossas campanhas. E as emendas funcionam como um "bate-pronto": é como se a União depositasse um montante em nossa conta bancária, e só restasse a nós sacar as notas num caixa eletrônico. Quase sempre acontece assim.

Temos completo domínio do caminho que é percorrido por esse dinheiro, desde a hora em que ele deixa a conta do governo até o momento em que chega ao órgão público ou entidade destinatária do recurso. Para monitorar essa cadeia com eficácia, nós construímos relações sólidas com as empresas, as prefeituras, as instituições de nossa confiança. Elas sempre atuam como nossas parceiras, de comum acordo com nossos objetivos eleitorais. O que nós queremos é bom para elas. Por isso, nunca encontramos problemas em obter ajuda desses parceiros.

Jacareiguara e Passa-Seis são duas cidades do meu Estado. O posto de saúde de Jacareiguara está desativado há sete meses, devido a uma tromba-d'água que levou o teto da enfermaria e destruiu as instalações internas. Em Passa-Seis, o posto funciona normalmente, com um inconveniente: quando chove muito forte, várias goteiras deixam a área de espera inundada. Uma boa reforma resolveria o problema em Passa-Seis, porém o prefeito Alcides Taveira, meu amigo e correligionário, quer uma nova unidade de saúde para inaugurar no ano da eleição. Claudio Zanetta, o prefeito de Jacareiguara, realmente precisa de um posto de saúde e está batalhando por isso: a necessidade o fez engolir o orgulho a ponto de vir bater à porta do meu gabinete. Justo comigo. Eu, antigo desafeto do Zanetta no diretório estadual do partido.

Adivinhe para quem eu vou destinar a emenda?

Para Passa-Seis, obviamente. Não entregamos dinheiro para qualquer prefeitura. Nós endereçamos a verba para prefeituras amigas, comandadas por aliados, por correligionários que vão reservar uma parte para eles próprios e separar a justa fatia do parlamentar que conseguiu a emenda. Passemos a outro caso concreto.

No município de Eustáquio Pessoa, fui recebido pelo prefeito na pequena pista de pouso. Era o Rubião Malheiros, político antigo da Região das Serras, que fez muito dinheiro na década de 1970 com a exploração de mármore e granito. As reservas minerais da cidade se esgotaram, mas Rubião manteve-se no topo graças à sua enorme habilidade no jogo político.

Quando cheguei a Eustáquio, já estava tudo pronto para a inauguração. Era uma escola prevista para ter dez salas de aula. Mas, na hora da distribuição dos recursos, as coisas não saíram bem assim. A escola ficou com seis salas de aula. Todas pequenas, mas excelentes para as crianças. Elas serão acomodadas com relativo conforto graças a outra pequena modificação no projeto: a mobília prevista no edital, uma cadeira e uma pequena mesa para cada aluno, foi substituída por carteiras universitárias, aquelas em que o estudante usa a extensão de um braço da cadeira para apoiar o material. Ganhou-se espaço sem nenhuma perda para a população.

Deu tudo certo. O Rubião chamou a banda da cidade, avisou a rádio e a TV e postou as fotos nas redes sociais. Chamou o povo à frente da Escola Municipal de Ensino Básico Clemente Peçanha – uma comovente homenagem ao meu falecido pai – para receber o deputado que possibilitou a execução de tão importante obra. No discurso, chamou a atenção para o meu trabalho e me apresentou ao público:

– O nobre deputado, não esqueçam, já provou que é amigo dos seus amigos. Na hora da dificuldade, é ele quem socorre o nosso município. Por isso, nunca nos esqueceremos de retribuir o seu carinho por Eustáquio Pessoa.

Agradeci, abracei todo mundo que podia, mas não tirava o olho do prefeito. Afinal, ele não podia sumir depois da festa e esquecer a principal parte do combinado.

Logo ele me chamou para tomarmos um suco de graviola na sua casa. Era a senha. Chegamos com uma comitiva que incluía alguns secretários municipais, o presidente da Câmara dos Vereadores, o diretor da escola inaugurada e o delegado de polícia. Todos se retiraram e nos deixaram a sós. Ou quase, pois conosco ficou o Vicente, que anda sempre comigo e resolve qualquer tipo de problema para mim. Ficou também um homem que, após um sinal dado por Rubião com o olhar, sumiu para dentro da casa e voltou com um pacote de dinheiro.

– Está tudo aqui, conforme combinamos. Separei seus 20% e coloquei nesse pacote. Conferi pessoalmente, mas, se quiser contar de novo, fique à vontade.

Pedi ao Vicente que conferisse. E disfarcei:

– É só para não ter o risco de levar dinheiro a mais que o combinado.

Conseguir uma emenda não é fácil. Exige muito esforço do parlamentar que, além do mais, precisa atender a uma multidão de pessoas que o procuram atrás desses recursos. Então, nada mais justo que remunerar de alguma maneira essa atuação do deputado. Não pode passar em branco. Suamos a camisa para direcionar o dinheiro, e quem vai recebê-lo sabe que merecemos bem mais do que um "muito obrigado". Afinal, como vamos nos eleger para continuar trazendo dinheiro para a comunidade?

A prefeitura que recebe o dinheiro de uma emenda poderia não ter sido contemplada se não fosse por nós, então ela tem de pagar por essa lembrança. Ou por acaso o prefeito não vai retirar uma parte para ele a título de comissão?

Além disso, há de se pesar o custo da atividade do parlamentar. Ele vai destinar seu tempo, sua energia para brigar, para inserir o projeto no orçamento e depois para vê-lo executado. Dá muito trabalho. E a regra é essa: o deputado que conquistou a emenda tem direito a 20% do valor transferido. No mínimo.

Ninguém que atua em política vê essa prática como algo feio ou errado. É uma coisa natural da nossa área. É assim que as coisas devem acontecer, é assim que os recursos são canalizados. E o eleitor, sim, termina sendo beneficiado.

No final das contas, tem uma estrada que sai do projeto, um novo posto de saúde que é construído, a cidade ganha uma escola para os jovens, uma praça. Os eleitores acabam levando vantagem também. Como isso pode ser errado?

Mais que uma distorção, eu considero que esse é o padrão da política brasileira. Não é coisa de agora, e acredito que também não será mudado tão cedo. Se é que vai mudar algum dia – ou que deva mudar – já que o modo brasileiro de fazer política funciona tão bem. Ou você se adapta ou certamente vai perder a eleição, pois vai concorrer com quem compreende perfeitamente o sistema.

É bem verdade que nesse negócio, como em todos, também existe o calote. Mas aqui é muito mais raro. Deixar de pagar a parcela do deputado é mais do que um desfalque, é uma declaração de rompimento político.

Foi o que o prefeito de Portal das Palmeiras, Raimundo Sagarana, fez comigo. Fiquei pasmo com tamanho desrespeito: Portal é uma das maiores cidades do Estado e, por isso, um lugar em que eu sempre gostei de investir.

Raimundo precisava de uma marina para estacionar sua lancha de 40 pés, e para isso inventou de pôr abaixo o antigo cais. A ideia era levantar um pequeno porto que atendesse tanto os pescadores de Portal quanto os barcos de passeio que porventura lá atracassem. Consegui levantar dois milhões, verba suficiente para a execução da obra e as comissões de todos os envolvidos. Mandei para ele o dinheiro, e acertamos que eu receberia 10% desse valor. Deixei a minha parte abaixo da média porque queria agradar Raimundo. Queria que ele entrasse de vez no meu time. Ele era conquista nova, e eu não queria correr o risco de vê-lo fechar apoio político com outro.

Pois não é que o safado ficou com os meus 10%? Também, devendo para agiota daquele jeito, como é que honra suas contas? Vi que estava entrando numa furada e decidi tirar meu bloco daquela região.

Só que, antes disso, ainda andei atrás do Raimundo por uns dois meses. Enviei o Vicente, meu braço direito, para Portal – coitado, mais de uma vez ele pegou chá de cadeira de quatro horas antes de descobrir que o sujeito havia saído pela porta dos fundos.

Até que eu mesmo entrei em cena para tentar resolver a situação. Mandei convite para um almoço com todas as lideranças políticas da região em um restaurante que, dizem, serve a melhor peixada de Portal das Palmeiras. Mandei avisar a mídia – o jornal Voz do Portal e a rádio Quebra Ondas, ambos de propriedade do governador do Estado, anunciaram o encontro. Fiz tudo para comprometer Raimundo. Ele mandou avisar que iria.

Cheguei ao restaurante, pedi uma água com gás com limão e muito gelo e fiquei lá, cumprimentando um e outro, mas sempre de olho na porta. Duas horas da tarde, as moscas sobrevoando a panela com os restos frios do peixe parrela, e nada.

Decidi ir atrás do homem. Todo mundo querendo falar comigo. Todo mundo fazendo pedido. Mas meu objetivo era receber os R$ 200 mil que o prefeito me devia.

Anunciei que sairia por uns minutos e fui direto para a prefeitura. Lá, me disseram que ele estava em casa. Na casa dele, me disseram que ele estava na prefeitura. Fiz que estava saindo e parei na esquina, atrás de um muro. De lá vi o Raimundo, todo suado, saindo de casa na SUV. Não tive dúvida. Mandei o Vicente fechar o carro do prefeito com o nosso. Quase houve uma batida. Para seguir, teria que passar por cima. Desci de braços abertos:

– Meu prefeito! Senti sua falta no almoço. Está todo mundo esperando por você. Uma pena, tudo feito em sua homenagem...

Raimundo não tentou demonstrar naturalidade:

– Muito obrigado, deputado! O senhor bem sabe o quanto é querido em nossa cidade. Mas tive de ajudar a socorrer um doente que precisava ser levado para a capital. E aí, sabe como é...

– Por isso eu sempre o aponto como um prefeito exemplar na nossa região... A propósito, sabe aquela obra do portinho? Aquela dos dois milhões?

– Claro, deputado. É o orgulho de Portal das Palmeiras. Vamos inaugurar no mês que vem, se Deus quiser.

– Eu faço questão de estar presente!

– Pode ter certeza. Vai ter placa e tudo em sua homenagem. E o porto vai ter seu nome!

– Não sabe como isso me deixa feliz. Vou trazer minha esposa para a festa. Será inesquecível, certamente.

Ele sorriu, suado, mas eu já estava me excedendo na gentileza. Precisava ir ao ponto antes que Raimundo pensasse que eu estava lá para salamaleques:

– Pois é, meu prefeito. O que eu queria ver mesmo é aquela comissão da emenda. O dinheiro já foi todo transferido para a prefeitura, e eu estou precisando demais dele. Faz parte da contabilidade do meu mandato. O Vicente até esteve aqui há duas semanas. Ficou esperando por várias horas e nem foi atendido. Acredito que houve algum desencontro.

– O Vicente? Esteve aqui? Olha, deputado, pois estou muito mal-assessorado. Nem soube da presença dele na cidade, que dirá no meu gabinete. Pois pode mandá-lo na semana que vem. O dinheiro estará separado no ponto de ser levado para o senhor. Onde já se viu? Vicente, pode vir na próxima quarta. Nem precisa passar na prefeitura. Vá lá em casa à uma hora da tarde que você ainda almoça comigo. Fico envergonhado de ouvir uma história dessas. Daqui a pouco, o senhor vai pensar que eu não honro meus compromissos.

– De maneira alguma! Por isso vim aqui à sua residência, onde estou sendo recebido com tanta cordialidade.

Aconteceu o que eu previa. O Vicente voltou a Portal das Palmeiras na quarta-feira, como combinado, mas nada do prefeito. A casa estava fechada, e o vigia disse que todo mundo havia viajado. Contou que Raimundo havia recebido uma mensagem do governador, pedindo sua presença urgente na capital.

Dei por encerrado o episódio. Tomei um tombo, mas pelo menos identifiquei um salafrário. Gente assim não sobrevive na política. Perdi dinheiro nessa história, mas isso acontece às vezes. É previsível. A gente compensa na próxima.

E modo de compensar é que não falta.

Existem casos em que compensamos um calote com desvio total do dinheiro destinado a outra obra. Isso mesmo, 100% da quantia fixada na emenda fica conosco. Às vezes precisamos ter certeza de que conseguiremos o volume de caixa adequado para a campanha – a eleição de um deputado é algo muito caro.

No caso das emendas devolvidas integralmente – é assim que chamamos os casos em que retemos os 100% – temos de contar com o conluio dos fiscais. Eles são as pessoas que seriam encarregadas de assegurar a seriedade do contrato, mas que, no frigir dos ovos, costumam fazer parte do nosso grupo. Claro que eles se juntam a nós por dinheiro. Tem sempre dinheiro na história. De bolso cheio, os fiscais assinam laudos técnicos e outros documentos comprobatórios que dão conta de que a obra foi entregue, de que a obra foi executada. Sem que de fato, naturalmente, exista ali qualquer parafuso, qualquer prego.

Para resgatar a totalidade da emenda, é preciso se cercar de muitos cuidados. Existem algumas obras visíveis demais. Há alguns municípios que são terreno minado: chamam mais atenção da imprensa. Nesses casos, é melhor ser comedido e executar a obra pelo menos parcialmente. Quando se decide pela devolução dos 100%, a divisão do dinheiro é criteriosa para que todos os envolvidos saiam satisfeitos. Ninguém vai se envolver com uma coisa assim, às vezes arriscando a própria liberdade, sem lucrar – e lucrar bem – com isso.

Eu não costumo fazer isso. Só quando é realmente necessário, pois se trata de uma prática muito arriscada.

O desvio de 100% do valor da emenda não é o padrão, é a exceção. Acontece apenas episodicamente. O mais tradicional, digamos assim, é mesmo a comissão de 20% para o deputado, além das partes que cabem ao prefeito e aos outros envolvidos. A obra é tocada, porém nunca do jeito que foi aprovada no projeto.

O asfaltamento de ruas e estradas é um campo fertilíssimo para deputados que queiram abastecer o cofre da campanha com o dinheiro de emendas. A empresa que executa o serviço, sem exceção, é parceira do governo que a contratou. Venceu uma licitação viciada e fará tudo aquilo que lhe pedirem. Os detalhes já foram combinados antes no gabinete do prefeito, do secretário de obras ou do deputado.

Essa empresa detém a absoluta confiança de todos os envolvidos no desvio. Muitas vezes ela surgiu lá atrás, entre os nossos financiadores de campanha.

Preferimos não declarar doações desse tipo. É melhor pegar o dinheiro delas sem fazer declarações desnecessárias à Justiça Eleitoral para não chamar a atenção dos nossos inimigos, especialmente do Ministério Público.

Em Sarandi d'Oeste, área de produção leiteira, a prefeita Eunice Floss contratou a empreiteira Santos & Bonifácio para pavimentar as vias vicinais de uma parte afastada da zona rural do município. Lá só vivem pequenos agricultores, que não vão fazer muito barulho em cima de uma obra mal-executada. Eu consegui a emenda e levei os 20% de praxe; Eunice, seu chefe de gabinete e o secretário de obras também pegaram uma parcela; a Santos & Bonifácio, por sua longa parceria e fidelidade, teve um pagamento superfaturado.

O combinado é que a empresa iria ao local, faria a terraplanagem, prepararia a pista, jogaria uma piçarra, uma camada de piche e o asfalto. Ocorre que não sobrou dinheiro para o asfalto. Jogou-se apenas o piche e deu-se a estrada por asfaltada.

Quando a pavimentação é feita por completo, com asfalto e tudo, usa-se um asfalto muito fino – totalmente diferente do que estava no projeto. Um terceiro expediente é jogar o asfalto bom, ou aparentemente bom, sobre uma pista que não recebeu a menor preparação para recebê-lo. De qualquer jeito, a obra sai péssima. Vai dar problema na primeira chuva. Só que não sobraria dinheiro para nossas campanhas se a coisa fosse feita de outra forma.

Os trabalhos de engenharia deveriam ser realizados segundo normas técnicas, mas, infelizmente, não dá para atentar muito para esses padrões. Temos que driblar esses requisitos se quisermos abastecer a campanha. Aí sai todo mundo satisfeito. Todos ganham. O parlamentar fica com o dinheiro para a campanha. A empresa encarregada da obra, o prefeito, os fiscais e até o eleitor lucram com isso.

A empresa lucra porque ela participa desse processo sem ter que disputar seriamente com ninguém. Já entra sabendo que vai tocar a obra. Explicarei como isso ocorre quando eu lhe disser o que é, na verdade, uma licitação. O prefeito que receber o dinheiro da emenda vai tirar uma parte para ele, pois também será candidato e precisará de caixa de campanha. Os fiscais e auditores têm de ser contemplados com uma gratificação. Afinal, darão como pronta e acabada uma obra que não foi realizada como deveria e, às vezes, nem saiu do papel. Na prestação de contas, o projeto figurará como se houvesse sido seguido à risca.

Ganha também o eleitor. É sempre melhor ter uma estrada ruim do que nenhuma estrada. Se não fosse assim, não seria feita qualquer obra de pavimentação. Quem batalharia por elas? Claro que ninguém faria isso só por bom-mocismo ou, pior ainda, por conta desse salarinho de nada que o governo nos paga. Então, concordamos que o eleitor lucra com esse sistema. Ele recebeu a estrada, recebeu a praça, recebeu uma creche paga com dinheiro público arrecadado pelo deputado amigo do prefeito. Ele, o eleitor, será lembrado quando chegar a hora de votar. Mas isso é uma história que eu também deixarei para mais adiante.

Quanto à estrada em Sarandi d'Oeste, ela ficou cheia de buracos na primeira estação chuvosa, como já prevíamos. Um caminhão perdeu o controle numa curva e tombou. O motorista fraturou um braço e perdeu três dentes com o impacto – passou um bom tempo de licença médica. Mas não foi só isso. O episódio, como tudo nesta vida, também teve seu lado bom. Ao tombar, a carreta despejou na estrada toneladas de latas de leite em pó. A população local, muito carente, acorreu ao local e, depois de socorrer o caminhoneiro, abasteceu suas despensas com a carga espalhada pelo asfalto. Ou melhor, espalhada pelo piche. Mas graças a esse piche, muita gente lucrou, além dos políticos e da empreiteira: a transportadora pegou uma bolada do seguro, o motorista passou a receber sem trabalhar e as crianças de Sarandi d'Oeste beberam leite grátis por meses. Você precisava ver o sorrisinho delas!

3

Convênios inconvenientes

Falar em milhões de reais é coisa de amador. Existe uma quantidade muito maior de dinheiro dando sopa em vários setores públicos, prontinho para ser colhido por quem chegar primeiro. Estamos falando de bilhões de reais – sim, pode arregalar os olhos – espalhados por ministérios, governos estaduais e outros órgãos estatais. Muito dinheiro mesmo, e dá muito trabalho chegar a ele. Mas vale a pena.

Para acessar os recursos que não chegam a nós por meio das emendas parlamentares, temos algumas cartas na manga. Uma dessas cartas – possivelmente o ás – é o uso que fazemos dos chamados convênios. Trata-se, basicamente, de destinar dinheiro público para entidades e prestadores de serviço. Em boa parte das vezes, esses destinatários nem existem; nas outras, nunca recebem a totalidade dos recurso que lhes cabia.

A abundância nos cofres públicos é tão grande que muitas vezes os recursos voltam para eles porque não se conseguiu gastar tudo. Isso acontece quando todos os projetos apresentados são ruins, e nenhum é aprovado; em outros casos, simplesmente não aparecem interessados em número suficiente para liquidar a quantia disponível. É meu papel como deputado ir atrás desse dinheiro.

Nós, parlamentares, temos o dever de descobrir onde essa riqueza está. Assessoramos esses prefeitos, auxiliamos as entidades que estão conosco e vamos atrás do dinheiro, onde quer que ele esteja.

Temos pessoas que nos ajudam. Conhecemos quem sabe fazer os projetos andarem com êxito em cada órgão. Sabemos quais são os caminhos, conhecemos as facilidades. Ninguém consegue esse dinheiro sem abrir essas portas, sem saber as pessoas certas com quem tratar em cada órgão.

Depois que o prefeito ou a entidade apresenta o projeto, nós acompanhamos seu andamento até que seja feita a transferência do dinheiro, por meio do convênio, para garantir que o montante seja entregue integralmente ao destinatário certo. Isso não é tarefa fácil, mas vale a pena. Afinal, quando tratamos de convênios, a taxa de retorno integral – desculpe-me se uso linguagem de gabinete: refiro-me aos casos em que desviamos toda a verba – é muito mais frequente do que nas emendas parlamentares.

Ainda em comparação com as emendas, os convênios apresentam outras duas vantagens imbatíveis: a fiscalização é mais frouxa e o dinheiro flui numa quantidade muito maior.

Para exemplificar como canalizamos essas verbas para nossas campanhas, vou contar um caso que aconteceu em Morro Verde, cidade da região sul do meu Estado.

Comecei a trabalhar com o Instituto Pé de Moleque, um projeto bem bonito, que busca fazer com que as crianças se interessem pelo futebol e fiquem afastadas do crack – essa praga que já se espalhou até pelas áreas mais remotas. Quem toca a entidade, na função de presidente, é o José Dantas, mais conhecido como Zé Três Dedos. Zagueiro valente, ele começou a carreira no Morrense, de sua terra natal, onde fez fama como exímio cobrador de faltas. Transferido para o Botafogo, não teve sorte. Lá, nunca chegou a atuar: uma lesão no joelho, provocada por uma entrada mais dura no segundo treino de que participou, acabou precocemente com sua carreira. O jeito foi voltar para Morro Verde como preparador físico de juvenis, o que culminou na ideia de montar uma instituição para a garotada carente. Para realizar esse projeto era necessário se envolver com política. Com políticos como eu.

Zé veio me procurar para ajudar o Pé de Moleque, que ainda não tinha saído do papel. Nos círculos que eu frequento, não é difícil encontrar dinheiro para esse tipo de iniciativa. Todo mundo acha lindo ajudar as crianças pobres e abre a caixa-forte sem vacilar. Só que é muito difícil para o governo acompanhar o que foi feito com o dinheiro. Como saber se as crianças foram mesmo atendidas? Como verificar se realmente houve algum trabalho sério?

Não há como. Então interpretamos que o objetivo do governo é mesmo distribuir o dinheiro entre seus aliados.

Chamei o José e propus para ele o seguinte:

– Você fica com 20% do dinheiro, e eu com 80%.

– Mas como vamos prestar contas?

– E desde quando isso é problema? Pode deixar comigo, rapaz.

Ele assentiu.

Foi assim que repartimos os recursos. E tenho certeza de que nenhuma criança deixou de jogar pelada na rua por causa disso. Nem que seja com bola de meia – como eu fazia na minha infância –, disputando as partidas no chão de barro, todo sujo. Ninguém morre por causa disso.

É muito comum ouvir falar de deputados que conseguiram o retorno de todo o dinheiro destinado ao convênio. Os recursos para cada uma dessas ações são relativamente pequenos: por isso e por falta de pessoal nos órgãos fiscalizadores, existe uma vista grossa generalizada para o uso efetivo da verba. Só que um deputado nunca está envolvido somente com um projeto, e na somatória ele sempre arrecada uma boa bolada. Sem precisar, em grande parte dos casos, destinar um centavo a qualquer ação de interesse público.

O parlamentar não tem com o que se preocupar. Ele dorme tranquilo com a cabeça no travesseiro de plumas de ganso porque a prestação de contas, haja ou não haja obra, aparece linda! Quem manuseia a papelada até se emociona, porque vem tudo muito bonito. A obra é dada como feita, concluída no prazo ou até antes dele. Nos relatórios apresentados, é possível ver até as fotos da escola construída – ninguém vai saber que a imagem, obtida na internet, é de um prédio existente em Morangape. Tudo está lá. Se for um hospital, a quantidade de leitos disponíveis é relatada com precisão e os equipamentos do centro cirúrgico são descritos em minúcias.

Não dá nem para culpar os órgãos responsáveis pela fiscalização, que deixam passar esse tipo de fraude. Eles têm pouco a fazer, porque a prestação de contas é feita por profissionais. É claro que essa gente se mexe e até consegue fisgar um ou outro peixe pequeno, mas não dá para fiscalizar tudo.

Como fiscalizar, com o aparato disponível hoje, a forma como se utiliza todo o orçamento da União? Já imaginou quantos bilhões de reais saem todos os anos dos cofres públicos? Cuidar de toda essa dinheirama é impossível, especialmente quando se trata de convênios pequenos, que atraem pouca atenção. Estamos falando de cifras irrisórias, coisa de R$ 100 mil, R$ 200 mil, R$ 300 mil reais, que só são atraentes para nós porque atuamos em várias frentes simultâneas.

E vá tentar verificar se o beneficiário realmente recebeu o dinheiro... Normalmente, esses convênios são feitos com entidades não governamentais, organizações que aparecem com fachada de fundações, institutos, associações que nós mesmos criamos. Criamos mas passamos para o nome de outra pessoa, pois não podemos deixar rastros. Essas pessoas trabalham conosco, nem passa pela cabeça delas nos enfrentar – elas sabem das consequências. Muitas vezes, o laranja não tem ideia sobre o que deveria ser a entidade que ele mesmo preside. Ele está ali também em busca de algum dinheirinho, mas não para executar algum projeto. Está lá para canalizar o recurso para nossas contas, nada mais. E prestar contas, o que é fundamental.

4

Licitações viciadas

Vou contar uma história para deixar claro como funciona esse negócio das licitações.

A prefeitura de Tabaquara-Açu, na região metropolitana da capital, é nossa parceira há tempos. Mandei para lá, no ano passado, R$ 2 milhões que eu havia conseguido a partir de uma emenda apresentada por meu gabinete. Era para a construção da ponte sobre Rio Comprido. Reginaldo Taveira, o prefeito, procurou-me para acertar os detalhes da transferência da parte que me cabia.

– Quero R$ 400 mil.

– Sem problemas, deputado. Vou providenciar assim que o dinheiro cair na conta da empresa.

– E quem vai tocar a obra?

– O Julião Feitosa e o seu pessoal. Eles já trabalham comigo há anos. Conhece?

– Conheço e não gosto dessa turma. São uns vacilões. Já andaram caindo até em reportagem nacional.

– É verdade, mas eles melhoraram bastante. E a licitação já está pronta. Foi toda montada nos conformes.

– Vão publicar quando o resultado?

– Dia 18.

– E o dinheiro?

– Sai duas semanas depois, se não houver recurso.

– Tem alguma chance de aparecer alguém para recorrer?

– Nenhuma. Todos os participantes são nossos.

– Então eu vou pessoalmente buscar o dinheiro.

As licitações, que em tese existem para tornar justa a concorrência para esta ou aquela obra pública e premiar quem faz o melhor trabalho cobrando pouco, não funcionam na prática. Quer dizer, funcionam muito bem para nós. Nunca ouvi falar de uma licitação que tenha sido conduzida de forma a contratar o melhor projeto. Os resultados de um processo assim são meticulosamente combinados entre as partes interessadas. Sempre.

Não pense que é fácil identificar uma licitação viciada. Todos que trabalham nessa área recebem muito bem, e precisam apresentar serviços limpos, perfeitos. Quando se analisa o processo de uma licitação – uma bem-feita, é claro – você conclui que todo os procedimentos estão dentro da lei. Ele é totalmente legal se você levar em conta só os aspectos meramente formais. Ao examinar os documentos, é muito difícil encontrar alguma falha.

Como em todo ramo de atividade, existem amadores que entram nesse negócio e fazem muita bobagem. Juntam notas frias, notas de pessoas jurídicas que nem possuem

CNPJ. Já vi também empresa que divulga como o seu endereço a casa de alguém que nem sabe do esquema. Esse fio solto é tudo o que a Polícia Federal e o Ministério Público querem para puxar. E eles puxam, só que na outra ponta sempre tem um lambari.

Esses peixes pequenos não sobrevivem em mar de tubarão.

Os tubarões, os marlins e os pirarucus não cometem esse tipo de falha grosseira. As empresas existem mesmo. Pode ir lá visitar. Você vai encontrar um prédio todo limpo e bem-cuidado, com pessoas uniformizadas atendendo na portaria. Essas empresas efetivamente prestam o tipo de serviço que foram contratadas para fazer na licitação.

Elas têm expertise para fazer obras de excelente padrão técnico, mas não é isso que esperamos delas. Nós as contratamos justamente para descumprir as obrigações assumidas contratualmente. As obras tocadas por empresas que venceram licitações públicas nunca são totalmente concluídas; os serviços nunca são prestados do jeito que deveriam. O projeto sempre é modificado para reduzir o custo. Materiais são substituídos por outros mais baratos – e de qualidade inferior –, prédios de dez andares saem do papel com quatro pavimentos, ônibus novos para a rede escolar são trocados por veículos sucateados obtidos a preço de banana depois que a Justiça os proibiu de rodar em algumas capitais. Em alguns casos, a obra ou serviço nem sai do papel. Mas o dinheiro sempre sai dos cofres públicos e vai parar nas nossas contas bancárias.

O que importa não é a obra. O que importa é que se assegure um retorno de 20% a 30% para o deputado que conseguiu a verba. Assim, a participação das empresas no processo licitatório é apenas a uma pantomima. Todos os que concorrem já entram na competição sabendo quem vai levar. Os valores apresentados por cada empresa são combinados de antemão. Esse acerto entre todos cumpre também o papel de assegurar a todos acesso às verbas públicas – o sistema é justo com os que participam dele. As empresas que perderam uma licitação vão ganhar a próxima. Trabalhamos em esquema de rodízio para que ninguém seja prejudicado.

Tudo é dirigido para que sempre o mesmo grupo de empresas participe das licitações. Costuma funcionar bem, pois, como eu já disse, uma análise formal vai mostrar que os processos atendem a todas as exigências da Lei das Licitações, que desde 1993 regula esses processos. Ou tenta regular.

De quando em quando, aparece uma empresa de fora dos nossos domínios que, por inocência e boa-fé, acha que pode vencer uma licitação por mera competência técnica. Não vai. O resultado é dirigido desde a publicação do edital. Mas aí alguns desses empresários, sentindo-se prejudicados, entram na Justiça e ganham uma liminar para tocar a obra. Acontece, mas é muito raro. O sujeito precisa ter muita sorte. Ou não, dependendo do ponto de vista: quem faz isso nunca mais vai ser cogitado para prestar serviços ao setor público. Essas empresas entram direto na lista negra e de lá nunca saem.

Para direcionar o resultado, a redação do edital é fundamental. É preciso tornar verossímil a escolha deste ou daquele fornecedor que propõe preços muito superiores aos de mercado. Em Salto do Piraguá, região oeste do meu Estado, a licitação para o fornecimento de material escolar é renovada anualmente. No ano passado, de acordo com o rodízio, a contemplada seria a StationWorks, grande distribuidora de artigos de papelaria e escritório que nem fica no meu Estado – minha relação com os donos dessa empresa foi construída na Capital Federal. Para garantir que sua vitória não fosse contestada, incluímos na lista de materiais exigida pelo edital um caderno azul-escuro, brochura, de capa dura, com as dimensões exatas de x por y centímetros. Esse era um item, fabricado na China, que só a StationWorks vende no Brasil. Os outros concorrentes não teriam condições de atender às exigências do edital. Fim de papo.

A comissão de licitação – grupo de três ou mais pessoas convocadas para examinar toda a papelada e reportar possíveis indícios de fraude – também trabalha conosco. Ela é invariavelmente composta de gente indicada politicamente e não vai, de maneira alguma, impor obstáculos aos nossos objetivos.

Tem município onde o prefeito é tão cara-de-pau que coloca até filho na comissão de licitação. Essa nem eu dou conta de explicar como aceitam.

Além de o processo todo ser conduzido de modo a ser perfeitamente legal – nos aspectos formais, note bem – as licitações viciadas se beneficiam da precariedade dos órgãos destinados a fiscalizá-las. O número de processos licitatórios é enorme, e tudo fica arquivado nas sedes dos governos. Essa documentação nunca será analisada criteriosamente. Não há como. No máximo, alguém vai tomar uma amostragem. E alguém vai dançar, o que é muito raro. Vale a pena correr esse risco. Porque tudo foi feito para que ninguém descubra nada.

A Lei das Licitações até que é uma lei até boa, bem-intencionada. O problema é que a realidade não é tão boa quanto a lei. E aí para tudo tem um jeito. Nós sempre encontramos uma solução.

5

Um assunto privado

Gratidão é o mais nobre dos sentimentos. Todo homem honrado precisa deixar clara a sua fidelidade àqueles que sempre estiveram por perto para ajudá-lo em tempos de necessidade. Também é assim na política: o homem público deve demonstrar gratidão para com os parceiros que contribuíram para uma trajetória bem-sucedida. Por isso, entre tantas razões, direcionamos o resultado das licitações. Para compensar aquelas empresas que nos ajudam, que estão conosco desde a época da campanha.

Por trás de emendas, convênios e licitações, existe uma relação permanente de vaivém, um vínculo de troca com as empresas. Especialmente as empreiteiras. Afinal, são elas as responsáveis pela execução das obras de grande vulto, como estradas, pontes e portos. Elas consomem a maior parte dos recursos públicos dirigidos a novos projetos.

Não é exagero dizer que as empreiteiras são as maiores aliadas dos políticos. São elas as grandes doadoras, pois ninguém mais tem tanto dinheiro para gastar. E, pela via do financiamento das campanhas, elas acabam participando da administração pública.

As doações empresariais são sempre vinculadas à abertura dos cofres públicos. Não existe ideologia, só negócios. Para aumentar a possibilidade de lucro, uma empresa sempre dá mais dinheiro ao candidato que ocupa o topo das pesquisas.

Também doará, só que em menor proporção, para o que tem menos chance. Assim, se houver uma reviravolta – como no futebol, as zebras também acontecem –, o vencedor estará vinculado à sua doadora. Há ainda outra razão para tamanha "caridade": o derrotado de hoje é o governante de amanhã. É sempre prudente deixar algumas portas abertas para quem está lutando pelo poder.

Qualquer que seja o resultado dar urnas, essa empresa sairá vitoriosa. E não importa a quantia doada, ela terá lucro no final. Doação de campanha, a bem da verdade, é uma expressão que não faz muito sentido. Ninguém doa dinheiro algum.

O que existe de fato é um adiantamento de recursos para o candidato. Para a empresa, é líquido e certo que o montante entregue ao político na fase da campanha voltará multiplicado várias vezes assim que ele se apossar do cargo público a que concorreu. Nós nunca deixamos de honrar esse compromisso. Temos que compensar as empresas parceiras pelos riscos que correram ao apostar em nossa candidatura e pela confiança que depositaram em nossa campanha.

O financiamento da campanha representa o namoro que precede o casamento do político com o empresário: a relação se estenderá ao longo de todo o mandato. Ou além dele. Você não pode se separar, declarar independência. Como nas relações sentimentais, o rompimento gera mágoa. Não é surpresa quando um investidor preterido se recusa a apoiar novamente aquele que rejeitou ajuda no passado. Por isso somos fiéis, na saúde e na doença. Precisamos de uma relação estável que nos permita reabastecer o caixa para a próxima campanha.

Assim, a antecipação de recursos ocorre em mão dupla. O empresário semeia o lucro de amanhã em nossa campanha, e nós garantimos o caixa das eleições futuras quando trabalhamos uma licitação para a empresa que nos financiou.

Não somente porque o vencedor irá investir em nosso projeto político. Lembre-se do que eu disse antes. Nós sempre recebemos 20%, é a justa remuneração pelos serviços prestados. Nas licitações dirigidas para empresas da nossa confiança, também separamos esses 20% que fluem para o comitê de campanha.

Eleição é dinheiro, e dinheiro quem tem é empreiteira. E quanto maior a empreiteira, maior a chance do candidato que tem seu apoio. Políticos que se aliam às maiores do ramo se eternizam no poder – você conhece essas figuras, é só puxar pela memória aqueles nomes que nunca saem do noticiário.

E banco é outro tipo de empreendimento que gosta de doar. Doam fácil e aos milhões. Tem banco grande que faz doação através de outra empresa para não ter seu nome associado à politicagem. Tem banco que nunca ninguém ouviu falar e que figura como recordista de doações.

Você pode verificar na internet as prestações de contas feitas junto ao Tribunal Superior Eleitoral (TSE). As empreiteiras são as recordistas nas doações. Depois, os beneficiados com o dinheiro dessas empresas vão disputar espaços nas comissões que lidam com grandes obras públicas, como a de Minas e Energia e a de Orçamento. Aí, só reproduzem o ciclo. Mais licitações viciadas para beneficiar empreiteiras. Dinheiro vai, dinheiro vem.

Eu mesmo sou "casado" com uma empreiteira, por assim dizer. Desde o início da minha atividade política, quando era assessor do falecido deputado Pedro Carlúcio, devo gratidão à Santos & Bonifácio. O patriarca Teodoro Bonifácio era carne e unha com o doutor Pedro, que o convenceu a apadrinhar a minha plataforma. Fui eleito e retribuí, presenteando a empreiteira com a construção de um trevo para o acesso a Pilar da Aurora, minha cidade natal. Isso, há quase 30 anos. O bastão na S&B foi transferido para João Augusto, primogênito do doutor Teodoro. Tornamo-nos amigos. Frequentamos a casa um do outro e, mais importante, ele frequenta meu gabinete em Brasília. É lá que Jô, como o chamo, pode fazer negociações de bilhões de reais atravessando um corredor. Modéstia à parte, tenho ótimas relações na Câmara e não sou avarento. Recomendo o Jô como excelente parceiro de negócios aos meus colegas deputados. Ajudei a transformar a S&B,

outrora uma construtora de atuação regional, numa das maiores empreiteiras do país, que atua em doze Estados da Federação. A S&B financiou minha ascensão ao posto de uma importante liderança partidária na Câmara dos Deputados. Sigo como o maior parceiro da empresa de Jô na política, e a marca Santo & Bonifácio está por toda parte em meu Estado: na ponte sobre o rio Tamanduá, na duplicação da rodovia Leste-Oeste, no novo edifício do Tribunal, na remodelação da orla e da zona portuária da capital e até na reforma do estádio Peçanhão. O nome do estádio foi uma homenagem que meus eleitores do mundo do futebol me fizeram como retribuição por patrocínios que conquistei e por haver ajudado a resolver alguns problemas na federação.

Eu e a S&B crescemos juntos. Essa é uma história que se repete por todo o Brasil.

Por isso é muito duro transformar o modelo. Todos os envolvidos lucram muito com ele. Esse é o sistema. E quem poderia mudar o sistema quando somos nós, os deputados federais, que definimos as regras eleitorais às quais nós mesmos nos submetemos? Temos a chave do galinheiro.

Repense o seu conceito de corrupção. Ela não está aí para nos dar jatinhos ou casas em ilhas particulares. Isso é efeito colateral de um esquema muito maior. Quando você ouvir falar em desvios de recursos de grandes empresas – sejam elas públicas ou privadas –, esteja certo de que o dinheiro seria destinado a assegurar a eleição de alguém. Os escândalos que você vê na televisão sempre envolvem as grandes financiadoras de campanha. Os recursos obtidos nesses desvios são canalizados para a manutenção de um diálogo permanente com o poder. E, como vivemos numa República democrática, isso só se faz por meio do domínio dos processos eleitorais.

Mas não são apenas as empreiteiras, você já deve ter imaginado. A área da saúde é outro campo fértil para as empresas que dependem da simbiose com o poder para prosperar. As portas do setor estão abertas – para a entrada das empresas e a saída do dinheiro – desde que começou a privatização da gestão do sistema hospitalar. Como o Estado mostrou-se um gestor incompetente, ele vem sendo progressivamente substituído por empresas contratadas. A melhora esperada na qualidade do serviço não ocorre – o que acontece é um processo imenso de desvio de verbas.

Seria muita inocência acreditar que qualquer empresa invista seu próprio dinheiro na campanha de um candidato. Ninguém toca no patrimônio da companhia nem diminuiu o capital circulante. Comprometer o lucro dos acionistas, então, seria sandice. Quem faria isso?

As empresas se valem de dinheiro exclusivamente público. Quando eu disse, lá atrás, que não existe doação – e sim um adiantamento de recurso –, esqueci de mencionar que esse recurso tem origem nos cofres públicos. É um dinheiro operacional, externo ao lucro, e nunca devidamente contabilizado. É um dinheiro que flui do caixa diretamente para as contas de campanha e não passa por obra alguma, não tem nada a ver com os empreendimentos contratados. Só assim é concebível o investimento privado na campanha de deputados ou senadores. Eu preciso admitir que a comunidade política não inspira credibilidade e não merece que alguém mexa no próprio bolso para ajudá-la.

Agora vamos falar sobre o que nunca é declarado. O dinheiro invisível.

Na dinâmica de uma campanha eleitoral, as doações ilegais são mais importantes do que aquelas que respeitam todos os conformes. Elas passam ao largo de qualquer contabilidade oficial, o que é facilitado pela impossibilidade total de uma fiscalização eficaz sobre as contas de campanha.

Há muitas formas de fazer o dinheiro fluir por fora da oficialidade. O modo mais grosseiro é dar dinheiro em espécie para o candidato gastar como quiser. É isso que recebeu o apelido de "receitas não contabilizadas de campanha", mas que qualquer um poderia perfeitamente chamar de suborno ou corrupção. Eu, particularmente, prefiro não correr o risco de ser pego com maços de cédulas na valise, no sapato ou na cueca. É humilhante demais.

A maneira mais sofisticada de tornar o dinheiro invisível é o tal caixa três. Assim são abastecidas muitas campanhas eleitorais.

O caixa dois acontece quando alguém transfere o dinheiro para o deputado sem contabilização. Esse é o padrão na política, todo mundo faz. O caixa três é mais engenhoso. Nele, o dinheiro sequer passa pela conta do candidato ou de alguém ligado a ele.

O caixa três é um serviço prestado sem pagamento, como se fosse uma cortesia. Digamos que o candidato precisará gastar muito com santinhos e outros materiais de propaganda – quem já trabalhou com política sabe que as gráficas são um elo crucial da cadeia. Toda empresa de grande porte tem um orçamento considerável para imprimir folhetos publicitários ou comunicados internos. Não custa muito incumbir a mesma gráfica de rodar o material de propaganda do deputado.

Esse material é encomendado pela empresa e pago por ela, mas vai para a rua como material de campanha do candidato. Percebe como o político recebe uma doação de campanha sem que tenha ocorrido nenhuma movimentação financeira que o envolva?

O caixa três é muito conveniente em determinadas situações. Vou contar o que aconteceu comigo em Estáquio Pessoa, na Região das Serras. Lá, há alguns anos, fui abordado por Célio Tinhorão com uma proposta que não me interessava muito. O Célio tem muitas terras no município. Planta milho só nas áreas mais planas e próximas da estrada que leva à sede da fazenda. O resto ele arrenda para pequenos roceiros. Ele tem muita gente sob sua influência, gente que costuma votar com ele. Naquele dia, o Célio insistia para que eu lhe desse muito dinheiro em troca desses votos. Era um homem bom, honesto, que já havia me ajudado antes. Mas já era a reta final da campanha, e eu preferia jogar o dinheiro vivo em cabos eleitorais mais linha-dura, mais decisivos. Como não queria deixar um amigo na mão – ainda mais um amigo útil como o Célio –, propus uma alternativa. Perguntei a ele:

– Do que você mais está precisando?

– Combustível. É tempo de colheita. Os tratores e os caminhões não podem parar.

– Segunda-feira te mando 20 mil litros de óleo diesel.

– Fechado. Mande também os santinhos. Todo mundo aqui vai votar no senhor. Não vai se arrepender.

Segunda pela manhã, os caminhões-tanque chegaram à fazenda. Saíram direto da distribuidora de combustíveis para um comprador contumaz desse tipo de produto. Quando a Justiça Eleitoral vai desconfiar que possa existir algo suspeito nisso? Nunca!

Insondável, o caixa três é também gigantesco. Não sei de um candidato que não recorra a essa ferramenta, nem de empresas que não prefiram doar em espécie a justificar operações financeiras. Além de nos poupar de malabarismos contábeis, deixa o dinheiro vivo disponível para aquilo que realmente define as eleições: a contratação dos chefes políticos. Mas disso eu vou falar mais adiante.

O caixa três é limpo e seguro. Mas nem sempre é possível trabalhar com segurança no meio político. Quando todos os outros meios se esgotam e ainda falta dinheiro, o candidato apela a um esquema sujo e arriscado, operado por criminosos de verdade. Esse é o assunto do próximo capítulo.

6

Agiota, o mal necessário

Agora imagine a seguinte situação. Você é um candidato a prefeito com boa probabilidade de vitória. As pesquisas apontam seu nome como quase certo. Você está com um pé na prefeitura. Ou pelo menos dizem que, com um pouco mais de esforço, você passa à frente do líder e põe a mão na taça.

A última pesquisa separou você e seu maior adversário do restante do pelotão. Um dos dois vencerá. A data da votação está próxima, mas a vantagem dele segue estável.

Você começa a desanimar, pois seu rival joga pesado. Chegou dinheiro grande para ele. O dono do hospital vendeu uma fazenda para investir na campanha, falam por aí. Pode ser mero boato, mas você passa a ver sinais de riqueza – que antes não percebia – na campanha do seu oponente.

O dinheiro da sua campanha, por outro lado, está quase acabando. Você gastou quase tudo o que tinha comprando apoio de líderes nos bairros. O seu vice, se não tivesse recebido muito dinheiro, não estaria contigo. Ele entraria na disputa, o que dividiria a base eleitoral e resultaria numa derrota humilhante. Você comprou um aliado, e assim seu dinheiro se foi.

Então aparece um cidadão e pede uma conversa em particular, anunciando que tem como levantar o dinheiro que falta:

– Um milhão, dois milhões... É só dizer. Entrego em suas mãos ainda nesta semana a quantia de que você precisar.

Então, você aceitaria? Quase todos aceitam. E pagam ao agiota com medo e submissão eternos.

A agiotagem é uma fonte de dinheiro pouco falada nos círculos políticos. É um negócio sujo e perigoso que, preciso admitir, assusta até alguém que, como eu, já viu muita coisa feia na vida.

O agiota não preda somente o candidato que não tem dinheiro. Ele é um mestre em identificar fraquezas. O candidato pode até dispor de recursos, mas vai concorrer com alguém com mais dinheiro ainda. Então o desespero aperta. É nessa hora que o agiota, como o urubu que sobrevoa o animal ferido até que ele desfaleça, abate sua presa. Ele tem o dinheiro e a disposição para entregá-lo já. O candidato tem apenas a necessidade urgente.

E como opera a agiotagem? Ela é na verdade a antecipação do desvio das verbas públicas.

Você não precisa ser um deputado ou prefeito para ter acesso ao dinheiro público. Você só precisa se dispor a disputar uma eleição. E aí você levanta esse dinheiro junto a um "investidor", que é o agiota. A partir desse momento você assume o compromisso de, ao ganhar a eleição, pagá-lo de volta.

Só que agiotagem política é muito diferente da agiotagem pessoal, particular, feita por negociantes pequenos que emprestam ninharia para pessoas endividadas. Isso aí é coisa de gente fraca.

O agiota político movimenta muito dinheiro, porque a moeda dele é o orçamento.

Ele invade o espaço público e depois será recompensado com verbas da saúde, da merenda escolar, do saneamento básico, do pagamento do funcionalismo.

O agiota fica sócio do dinheiro público, como um parasita – é como um verme que suga a administração pública durante todo o mandato do político hospedeiro.

Quem mexe com agiotagem é gente perigosa, gente violenta. Todos eles têm apoio dentro da polícia, além de seguranças capazes de fazer qualquer coisa. Esse é um universo perigoso. Perto dele, o desvio de dinheiro público pelas vias clássicas – emendas e convênios – adquire um certo romantismo. Na agiotagem política, o lucro é completamente irracional, desproporcional. A taxa de juros mensal varia de 10% a 20%. Então veja lá: se o cidadão pegou R$ 1 milhão a 20% mensais, ele terá que pagar R$ 200 mil reais a cada 30 dias. Não há como fazer isso sem tirar das principais finalidades do município. Quando se atrasam as parcelas, a dívida pode virar um monstro com vida própria, uma quantia impossível de ser paga.

O ex-prefeito de um município de meu Estado – não digo seu nome porque não viveria para saber das consequências – tomou um empréstimo de um agiota para se reeleger. Conseguiu permanecer no cargo, porém não por muito tempo. O vampiro usurário saltou em sua jugular desde o primeiro dia do segundo mandato. O prefeito arrecadou fundos aqui e ali, mas isso não bastou. Como o patrimônio público não foi suficiente, ele vendeu algumas de suas empresas, inclusive uma cozinha industrial que fornece merenda escolar para todo o Litoral Norte. Ainda assim o empréstimo não foi quitado. A gota d'água foi quando começaram as ameaças de sequestro contra seu filho, um rapaz de 19 anos que estuda Direito no Sul do país. O prefeito simplesmente desapareceu, sumiu, não deu mais sinal de vida. Seu carro também nunca foi encontrado. Uns dizem que ele fugiu para o exterior. A família nega. Outros suspeitam que ele tenha dirigido até um lugar ermo e se escondido para se matar em desespero. Há ainda quem culpe o agiota pelo sumiço. Vai saber. O que eu sei é que o mau elemento continua a emprestar dinheiro para os prefeitos da região.

O agiota sabe quem pode ganhar uma eleição. Ele investe apenas naqueles que têm chance. Nunca distribui dinheiro aleatoriamente. Ele investe sob risco calculado. Ele escolhe seus clientes – ou vítimas, a depender do ponto de vista – baseado nas pesquisas eleitorais. Enquanto muita gente duvida dessas pesquisas, o agiota as leva muito a sério. Quando tem a oportunidade, ele investe também no segundo colocado. Assim como o empreiteiro, o agiota também aposta em todos os que têm chance.

Quem faz agiotagem dispõe de muito dinheiro. Sua base de devedores é ampla, já que há muitos enrolados desde as eleições anteriores. Eles saqueiam os municípios que lhes devem para bancar novas campanhas em outras cidades. Ou na mesma cidade, só que da oposição. Quem quer que ganhe estará nas mãos do agiota.

Como eu disse lá atrás, o agiota se aproxima do candidato num momento decisivo da campanha, em que uma injeção de dinheiro pode fazer a diferença entre a vitória e a derrota. Ele chega com uma conversa mansa e convence o político de que, com sua ajuda, a eleição está no bolso. Muitos se iludem com isso. Acreditam que, vencida a votação, estará com a corda no pescoço por alguns meses até estabilizar as contas, pagar as dívidas e administrar a cidade de forma independente. Isso quase nunca acontece. O que acontece muito é o cidadão contrair a dívida e mesmo assim perder a eleição.

Qual o destino do perdedor que deve dinheiro? Bom, aí existe o agiota bom e o agiota mau. O agiota bom é aquele que investiu na campanha e perdeu a eleição junto com o candidato no qual ele apostou. Esse se retira de cena, deixa o político amargar a derrota em paz e volta toda sua atenção para o candidato vencedor. Ele abasteceu a campanha do campeão, também, e tem os cofres públicos para saquear – algo muito mais divertido que importunar perdedores falidos.

Mas existe o agiota mau. Esse é o que nunca perdoa. A casa do cidadão vai ser rondada de noite, sua paz vai acabar até ele ter certeza de que, se ele não pagar, terá que fugir ou cometer suicídio. Algum jeito ele vai dar, pois o agiota nunca perde.

Bom ou mau, o agiota político se assemelha a qualquer outro – e aos bancos, também – em um aspecto fundamental: todo empréstimo precisa de uma garantia. Isso ocorre quando um candidato é um prefeito que busca a reeleição, com cheques do Fundo de Participação dos Municípios. O cheque deve estar assinado pelo próprio prefeito e pelo secretário de Finanças. Nenhum prefeito é irresponsável o bastante para entregar um cheque sem fundos num caso desses. Se o dinheiro não for pago, o agiota pode sacar a quantia na boca do caixa.

Mas geralmente não é isso que ele faz, pois a assinatura do prefeito é muito mais valiosa do que o valor nominal do cheque, seja ele qual for. Com o cheque em mãos, o agiota tem a prova de que o prefeito cometeu um crime. O cheque vira um instrumento de chantagem. A extorsão é a verdadeira garantia da agiotagem.

Como o prefeito vai assinar um cheque do Fundo de Participação ou da conta do Sistema Único de Saúde (SUS) ao portador? O dinheiro deveria estar vinculado a uma finalidade lícita. Teria de estar relacionado a um projeto que passou por licitação pública. Mas esses cheques são emitidos sem nenhuma vinculação aceitável. O prefeito os assina ele mesmo porque está nas mãos do agiota. Ele não tem alternativa a não ser entregar a corda ao carrasco.

O sujeito que opera a agiotagem política não quer que o cliente quite a dívida. Se o prefeito aparecer com uma mala de dinheiro para pagar o principal, o agiota não vai aceitar. Ele exige ser pago todo mês, para manter-se como um encosto no político durante todo o seu mandato. Seu negócio é a extorsão, não somente a usura.

E a turma que mexe com isso mata mesmo. É uma empresa. É crime organizado que funciona como o narcotráfico, como a máfia. Dentro dessa empresa há pessoas contratadas especificamente para matar quem atrapalhar os negócios. Geralmente quem faz essa parte é a polícia.

Onde tem agiotagem política, tem polícia envolvida. Eles se valem da sua posição, da sua arma, da sua farda para atuar como instrumento de cobranças violentas. O cobrador chega de camburão. Ou pelo menos o camburão acompanha o cobrador para deixar claro que ele não está brincando.

E quem comanda a operação? Gente graúda, eu posso garantir. A agiotagem política está infiltrada em todos os poderes. Eu conheço um juiz e um delegado federal que operam redes de agiotagem.

Veja bem, tem agiota que não se contenta mais em emprestar dinheiro para políticos. Observo uma tendência nos últimos dez anos: os agiotas entram para o parlamento. Agora nós temos agiotas deputados. Há um Estado onde três agiotas ocupam cadeiras na Assembleia Legislativa.

Não é só pelo status que essas pessoas resolvem concorrer a cargos públicos. Não é só para desfilar em festas em que estão presentes as autoridades de todos os poderes – inclusive do Judiciário, de quem rapidamente se aproximam. O principal objetivo é conquistar o foro privilegiado.

Na prática, foro privilegiado significa o seguinte: ser julgado pelas pessoas que frequentam as mesmas festas que nós. Gente que representa um poder cujo orçamento é definido pelo parlamento. E o parlamento somos nós. Para quem está no mandato, é muito mais fácil se defender de qualquer acusação. O deputado tem conexões, contatos, amizades.

A entrada de agiotas no Congresso é um fenômeno que me deixa preocupado e angustiado. Temo pelo futuro da política. Num cenário em que o dinheiro se transformou no único fator determinante da vitória eleitoral, alguém que faz uso das riquezas sem nenhum escrúpulo – como esses agiotas – tende a prevalecer. Para mim, é só uma questão de tempo.

Parte II

Como converter dinheiro em votos

Na primeira parte deste livro, expliquei como a classe política angaria recursos para abastecer suas campanhas políticas – é dinheiro público sendo injetado em um negócio de interesse público. Se você leu com atenção, notou que mais de uma vez eu disse que o candidato mais rico sempre leva. Como isso funciona?, você deve se perguntar. Sim, é o que você estava imaginando: o dinheiro compra os votos da população. Compra, principalmente, o apoio de poderosos que têm meios de direcionar o voto popular para este ou aquele candidato. O voto é secreto, você pensa, e é fácil falar uma coisa e fazer outra. Não é bem assim. O voto não é tão secreto e o povo é leal àqueles que cuidam dele. De mais a mais, todos sabem que um surto de desobediência em um curral eleitoral pode ter efeitos nefastos para aquela comunidade. Ninguém arrisca. Não que os eleitores sejam diretamente ameaçados. É uma coisa tácita, sem grandes demonstrações de força. Todo mundo já aprendeu como a vida funciona nesses lugares. E toca em frente. A intimidação só entra em cena quando as demais alternativas fracassaram. A obediência tem suas recompensas, e é isso – não chantagens e ameaças – que faz com que o resultado das urnas coincida com a vontade dos caciques regionais. Por isso é que eu sempre digo: o povo precisa se olhar no espelho antes de chamar os políticos de corruptos.

1

Todo mundo tem seu preço

Quando cheguei à casa do Manuel, estava perto do final do dia. As luzes dos postes ainda não estavam acesas, mas a noite já se apresentava.

Manuel Rodrigues morava numa cidade pequena, perto da capital. As ruas eram quase todas calçadas com paralelepípedos. Na última vez em que lá estive, só as vias principais haviam recebido asfalto. Mesmo assim, é um lugar bom para se viver, já que, em caso de necessidade, demora-se menos de uma hora para se chegar de ambulância a um hospital razoável.

Ele havia sido prefeito da cidade por quatro vezes. Ao planejar sua sucessão, cometeu um erro primário. Escolheu um filho de criação para candidato. Cesário havia crescido na casa dos Rodrigues e era tratado sem distinção. Teve estudo e ganhou profissão, coisas que estariam fora de seu alcance não houvesse sido resgatado da miséria em que nasceu.

Mas Cesário não foi oficialmente adotado. Assim, Manuel conseguiu ludibriar a Justiça e o lançou candidato. O rapaz foi eleito com uma ampla margem. E, como política não é lugar para santos, ele tratou de fazer aquilo que se temia dele – ou melhor, aquilo que qualquer pessoa dotada de bom senso deveria temer. Na época, eu tentei avisar o Manuel, mas não havia como ser direto sem ofendê-lo. Minha mensagem foi sutil demais, e ele não a compreendeu. O resultado é que Manuel foi traído nas primeiras semanas de governo pelo próprio filho de criação.

De repente, dezenas de parentes e membros do partido estavam totalmente desamparados. Foi um baque danado para o Manuel. Acho que ele nunca se recuperou totalmente.

Mas nem sempre possuir um mandato é fundamental para a política. Nosso capital reside na influência.

Manuel Rodrigues conquistou uma fama invejável. Tinha com ele 4 mil votos certos que poderia transferir para qualquer candidato a deputado federal. Se houvesse dinheiro suficiente para sustentar a campanha e remunerar todo mundo, o resultado eleitoral estaria garantido.

Cheguei à sua residência justamente com esse objetivo: granjear seu apoio. Conversamos demoradamente para definir o custo dessa adesão.

– O deputado Oliva Santos me disse que ninguém por aí está aceitando menos de R$ 150. E ainda me ofereceu R$ 200 por cada voto.

– Mas ele sabe que nós já tínhamos um acordo. Nem deveria andar por aqui.

– Ele sabe. Tanto que me disse que você poderia ligar para ele. Para confirmar se estivesse duvidando.

– Manuel, você sabe perfeitamente que eu não falo com esse canalha. Ele está querendo detonar minha candidatura. Por isso ele vem falar com gente que está comigo.

– De qualquer forma eu andei sondando por aí e vi que ele tinha razão na história dos R$ 150.

– Mas, na última vez, acertamos a R$ 50! A diferença é grande demais.

– Seria maior se eu aceitasse os R$ 200 que ele me ofereceu.

– Você não faria isso. Nem teria a certeza de receber dele. Sabe que eu acerto e pago. Já o Oliva...

– O prefeito aqui de Volta Grande não tem reclamação do contrato que fez com ele, não – disse ele em tom de ameaça discreta.

– Você não é inocente, Manuel. Sabe muito bem quem tem palavra – retruquei.

– Por isso estamos aqui conversando. Vamos fazer o seguinte: fica pelos R$ 150 e não se fala mais nisso.

– Só me diga: como vamos saltar de R$ 50 para R$ 150?...

– Não sou eu, deputado! São as eleições.

– Então vou lhe dar R$ 600 mil pelos 4 mil votos?!

– Em compensação, sabe que o resultado é garantido.

– Vou precisar ter pelo menos 100 mil votos para me eleger. Pagando R$ 600 mil só por 4 mil votos...

– Vamos lá, deputado. Somos amigos. É a estrutura da campanha. Não dá para viabilizar 4 mil votos sem nenhum apoio financeiro, não é mesmo?

Claro que não teve outro jeito. Não deixaria de fechar com o Manuel Rodrigues para correr o risco de outro malandro tomar o meu lugar. As coisas estão ficando difíceis.

E nessa eleição a coisa tende a piorar, pois a disputa está acirrada. Os líderes se aproveitam disso e inflacionam sua tabela. Não há como escapar. É assim que se define o resultado eleitoral. A adesão dos líderes políticos não é conquistada, é comprada. E isso custa muito dinheiro.

Acontece assim em todo o Brasil. Não sei se a compra de votos ocorre também em outros países, mas aqui funciona assim. Também não tenho as estatísticas regionais para dizer em que parte do país a prática é mais recorrente – até onde eu tenho conhecimento, o Instituto Datarrouba ainda não foi fundado. Sei que em alguns lugares o esquema é sofisticado, cheio de meandros e mecanismos para mascarar a milenar prática da corrupção; em outros, o negócio é grosseiro, aberto, descarado. Mas a compra ocorre em toda parte.

Por isso é tão importante levantar dinheiro. Vale fraudar licitações, reservar parte das emendas parlamentares, desviar verbas indenizatórias, instrumentalizar os convênios e até, nos casos mais extremos, lançar mão do dinheiro de agiotas.

A realidade crua é que nenhuma liderança vai dar sua bênção a nenhum candidato porque está alinhado com suas propostas ou sua ideologia. Isso é teatrinho para aparecer nos jornais e – no caso de alguns partidos – satisfazer o baixo clero da militância voluntária que ainda possuem.

No passado, já houve uma parte significativa da classe política que chegava ao mandato em virtude do seu prestígio e de outros valores mais nobres. Mas, hoje em dia, o número de políticos que têm uma liderança real é irrelevante.

Hoje a liderança é a força do dinheiro. Para que a campanha seja vitoriosa, é preciso barganhar com várias lideranças de acordo com a sua influência como o real fator de transmissão de votos. É necessário reservar verbas menores ou maiores, calcular sabiamente a partilha dos recursos angariados. O negócio é matemático. Política é matemática, lembra?

Existem parceiros mais ou menos importantes – e caros. Há, por exemplo, um tipo como o Manuel Rodrigues ou um deputado estadual que pode se atrelar à campanha. Temos prefeitos, vereadores – eles são uma parte fundamental de qualquer campanha –, dirigentes de associações e sindicatos, todo tipo de liderança comunitária, chefes religiosos... Ou seja, todo mundo que tenha capacidade de mobilizar eleitores. Essa turma toda tem um preço e recebe dinheiro para captar votos. Nada é feito por amor à causa.

Um líder comunitário de um bairro ou favela, por exemplo, tem 100 votos. O político vai lá e acerta com ele um valor. Põe nas mãos dele a responsabilidade sobre o resultado das urna naquele reduto. Esse sujeito é o que nós chamamos de cabo eleitoral.

O cabo eleitoral é essa pessoa que, mediante pagamento, firma um contrato com você para entregar certo número de votos. Pode ser um modesto líder comunitário, pode ser um vereador. É até melhor lidar com estes, porque o vereador comanda os líderes comunitários que asseguraram sua própria eleição.

O vereador cultiva as relações com esse tipo de liderança ao longo de todo o mandato. A compra, o suborno, vale para cada ocasião – não importa a quantia desembolsada, não existe como obter apoio vitalício. É como um namoro ou casamento, uma pisada na bola pode afastar para sempre o antigo amor. Assim, o vereador precisa adular quem lhe vendeu votos. Por mais que tenham sido apenas 100 eleitores, ele não pode permitir que o líder lhe dê o fora. Senão, na próxima eleição, ele já estará de rolo com outro.

E como cultiva essa relação? Posando de benfeitor, de patrono da comunidade. Na hora que alguém precisar de alguma coisa, o vereador deve estar disposto a providenciar. Pode ser um medicamento ou uma vaga na fila do SUS. Se for preciso, ele fura a fila do SUS para colocar seu eleitor em situação de vantagem. E quem passa à frente dos outros nunca reclama da corrupção ou do tal "jeitinho brasileiro". Os outros descobrem que é bom estar ligado a gente desse naipe. Assim podem obter vantagens semelhantes no futuro.

Assim ele demonstra ser um homem de resultado para a comunidade que votou nele. É o clientelismo puro. Se você é uma pessoa pobre, mesmo que viva na Serra Gaúcha, ou numa comunidade carente, sempre haverá por perto um líder comunitário atrelado a um vereador. Essas pessoas são as mais importantes da sua vida, porque é para elas que você vai correr no dia em que seu filho estiver doente. O líder só faz a ponte. É o político quem tem o celular do chefe do posto de saúde ou do médico. Tem o celular do secretário de Saúde e pode providenciar imediatamente a ambulância.

Ele tem também contato com o deputado. Muitas vezes já recebi no meu apartamento funcional em Brasília pessoas que, por exemplo, estavam se submetendo a tratamento de reabilitação no hospital Sarah Kubitschek.

A população vê os políticos dessa maneira: são pessoas que têm a obrigação de resolver problemas pessoais dos eleitores. Se essa exigência for atendida, fecham-se os olhos para tudo o mais que o homem público venha a fazer. Isso torna a operação mais fácil.

Não faz sentido imaginar que a compra de votos aconteça apenas no dia da eleição. O que se dá aos eleitores na véspera do pleito é apenas um mimo, um presente. Algo para ele lembrar de votar no candidato indicado pelo líder local. O que decide mesmo a conduta do eleitor é o seguinte: os serviços públicos simplesmente não funcionam se não houver ajuda política.

Como empenhamos muito dinheiro, devemos nos cercar de algumas garantias. É preciso saber quem é o eleitor, onde ele vota, se cumpre a palavra, se não está vinculado a outra campanha. E só quem sabe dessas coisas é o líder comunitário. E este, por sua vez, está vinculado a lideranças locais mais poderosas.

Então voltamos aos vereadores. Eles operam como excelentes compradores de apoio dos líderes comunitários – pois os conhecem pelo nome, sabem onde moram, vão lá tomar café nas suas casas.

É uma operação que acontece olho no olho. E funciona muito bem.

Para ter voto, é preciso investir em lideranças que já provaram sua eficácia. Por isso damos valor à experiência e à meritocracia. Estimulamos uma espécie de plano de carreira entre os cabos eleitorais.

Quem está começando no ramo, sem ter provado a capacidade de conseguir votos, nunca terá a mesma remuneração dos cabos experientes e conhecidos.

Grave mesmo é a situação daquele que não cumpre o prometido. Quando um cabo eleitoral recebe por um número de votos e entrega uma fração desse montante, deve sair de fininho e procurar outro ramo para atuar. Ele se queima não apenas com o candidato enganado, mas com todo o círculo político.

Se insistir em vender apoio político, esse indivíduo vai se conformar com uma redução drástica da sua remuneração. Aqui não tem CLT, nós rebaixamos quem trabalha conosco de acordo com o desempenho.

Digamos que um cabo que me deixou na mão em uma eleição me procure novamente na seguinte. Como da outra vez, ele vai oferecer 100 votos para vender. Caso pareça interessante para mim fazer negócio com o cidadão, é isso que ele vai ouvir:

– Não, você não tem 100 votos. Eu pago 50. Depois, se você conseguir mais, eu dou a diferença.

Um bom uso do dinheiro que recolhemos para a campanha é feito quando conseguimos transformar um rival num apoiador. Há muitos oportunistas que anunciam candidatura bradando em público que tem dinheiro.

O Esclepíades fez isso recentemente. É verdade que ele tem pano para a manga. Dono de uma boiada invejável e de um plantio de soja, anunciou que havia separado R$ 10 milhões para a campanha. É um modo de dizer para o mercado que ele está no jogo. Os cabos eleitorais ficam ouriçados. Mas o que ele queria mesmo era ser comprado. O problema é que ele vive justamente na cidade em que tenho mais eleitores. Por via das dúvidas, chamei-o para uma conversa e acertei com ele a transferência de um dos meus postos de combustível. Pronto, acabou-se a aventura do Esclepíades. Ele se tornou um dos meus cabos eleitorais e ainda nomeei seu filho como assessor parlamentar.

Afinal, trabalhamos com dinheiro público e com isso não se brinca.

2

O cabo eleitoral: ele decide a eleição

É preciso ter cautela na hora de contratar aqueles que vão trabalhar para você na compra de votos por atacado. Funciona mais ou menos como a aquisição de um cavalo de corrida. Você precisa ter indicadores seguros que a pessoa cumprirá os seus compromissos, de que você terá resultados.

Trabalhamos com estatísticas. Ora, suponha que o sujeito é prefeito ou ex-prefeito de uma cidade. É uma liderança política local. O primeiro passo consiste em verificar quantos votos ele vem assegurando aos candidatos que apoiou nas últimas eleições. Se mantém um padrão razoável há duas ou três eleições – mesmo emprestando apoio a candidatos diferentes –, então estamos diante de um parceiro em potencial.

Os cabos eleitorais não estão vinculados a nenhum partido ou candidato de forma estável. Como a relação não é ideológica, ganha quem der mais dinheiro. Isso facilita as coisas, porque torna verificável o desempenho do cabo em eleitorados sem nenhuma identificação com o político que o contratou.

Bons cabos eleitorais operam milagres. Graças a eles, candidatos recebem votação decisiva em municípios onde mal pisaram durante a campanha.

Também são os cabos eleitorais que possibilitam a pessoas inexpressivas surgir como recordistas de votos. Esses são aqueles casos em que um zé-ninguém, um candidato que nunca figurou como favorito em pesquisas nem nunca foi uma personalidade pública de destaque, surpreende a todos com uma votação volumosa. Claro, esse tipo de coisa não surpreende a nós, que estamos no mercado. Sabemos quem está jogando de forma arrojada. Dá para prever o resultado com semanas de antecedência, mesmo se tratando de azarões. Basta analisar como os cabos eleitorais se posicionaram, com quem eles se comprometeram.

A maioria dos cabos eleitorais flutua entre diversos candidatos, eleição após eleição. E os eleitores que esses agentes mantêm sob sua dependência migram seus votos ao sabor da conveniência do patrono. Cada voto tem seu preço – o que não quer dizer, de forma alguma, que cada eleitor receberá o valor pago por seu voto. Trata-se mais de uma forma de hierarquizar os cabos eleitorais no organograma informal do sistema.

O preço a ser pago por voto varia de acordo com a reputação do cabo eleitoral. Essa reputação se forma a partir dos feitos e resultados obtidos em eleições anteriores.

conforme eu já havia dito, isso tudo é meritocracia pura. Mas existe outro fator decisivo para a cotação dos votos: a posição relativa dos candidatos nas pesquisas. Se um determinado pleito é muito disputado, é mais que provável que o bom cabo eleitoral seja disputado por vários candidatos e inicie um leilão para vender seus préstimos. No caso oposto, de um desequilíbrio muito grande entre as candidaturas, há boa chance de o cabo se aproveitar de políticos que tentam impedir o naufrágio de seu projeto. Até hoje, ninguém se deu mal ao fixar preços absurdos para um consumidor desesperado por aquilo que você tem a vender.

Só que é bom que você realmente tenha algo a vender e entregue isso ao comprador. Nós, políticos, sabemos quem são essas pessoas que oferecem votos e não entregam. Esses têm seus nomes riscados para sempre de nossa caderneta. E deixam de faturar alto. A política é um meio no qual a palavra e a honestidade valem muito.

É justo admitir que, mesmo entre nós, existem algumas maçãs podres. Esses elementos desonestos são aqueles que enganam a liderança e não pagam pelos votos recebidos. Às vezes, o político desonesto antecipa uma parte do combinado e, depois da eleição, finge se esquecer da dívida.

Eu, com muito orgulho, integro a maioria que honra os compromissos selados. Nunca passei para trás ninguém que trabalhou para mim nas eleições.

Quando um cabo eleitoral toma calote, ele vai começar uma peregrinação à casa ou ao gabinete do deputado. Dificilmente receberá alguma coisa. Vai tomar um chá de cadeira – enquanto o cobrador espera na frente, o deputado sai pela porta dos fundos. Ao enganado, só resta vingar-se do mau pagador nas próximas eleições.

Agora, para ser franco, esse tipo de situação é bem rara. Muito mais comum é o cabo eleitoral ladrão.

O caso mais triste que eu testemunhei teve como vítima o deputado federal Adolfo Coutinho, umas das principais lideranças do meu Estado na Câmara. Ele já cumprira com galhardia pelo menos cinco mandatos consecutivos. Pessoa seríssima. Era um político honesto, mas, como todos no ramo, se elegia comprando votos – não existe alternativa a isso.

Na sua última campanha, combinou com o prefeito de Figueira do Sul a entrega de cinco mil votos. Feitas todas as somas, verificou que era mais do que suficiente para garantir mais uma reeleição. O encontro final entre os dois se deu mais ou menos assim:

– Prefeito Siqueira Gomes, posso ficar tranquilo quanto à votação aqui no município?

– É certo, deputado. Pode contar com os 5 mil votos. É isso, ou não quero nunca mais ouvir falar de política.

– É só o que me falta para garantir minha votação. Não pode faltar nenhum, entendeu?

– Deputado, não sou homem de duas conversas. Se eu estou dizendo que pode ficar descansado, é porque não há risco. Aqui o senhor nem precisa voltar para fazer campanha. Conheço meu gado. Além disso, é a minha palavra que está em jogo.

O deputado saiu de lá satisfeito e muito seguro. O assessor, que andava sempre com ele, não estava tão convencido. Ele ainda perguntou ao chefe se não era o caso de deixar um olheiro por lá:

– Não sei, não. Não fui muito com a cara daquele homem.

O candidato reagiu energicamente:

– Deixa disso! Ele tem muita recomendação. É gente que está há tempos nesse negócio. Ouvi dizer que nunca deixou de honrar os compromissos.

Depois de uma resposta tão enfática, o assessor deu o assunto por encerrado.

Relaxado, Coutinho seguiu a orientação do prefeito e realmente abriu mão da carreata final que faria em Figueira do Sul – um povoado nos confins do Estado que só ganhou autonomia política por causa da influência da família Siqueira Gomes junto ao governador. Na reta final da campanha, era tempo de descansar e começar as articulações para o próximo mandato.

Chegou o dia da apuração. Como era esperado, os números que apareceram antes nos boletins provisórios vinham da capital e dos municípios maiores. Nas cidades pequenas, a falta de estrutura resultava em atrasos na contagem dos votos. Muitas tinham seções eleitorais em bairros e distritos distantes da sede. Esse era o caso de Figueira do Sul, onde o grosso das urnas só começou a ser aberto na madrugada da segunda-feira.

Nos outros lugares o candidato estava bem. As primeiras parciais indicavam que a reeleição viria. Bastava que os 5 mil votos se confirmassem.

O prefeito Siqueira Gomes havia traído o deputado Coutinho. Recebeu seu dinheiro, mas despejou toda a votação em um candidato muito mais rico, que havia dobrado a oferta. No final das contas, o prefeito recebeu o triplo do que normalmente entraria em seu caixa. E deixou nosso candidato a ver navios.

O final da história foi trágico. Ao perceber que a apuração não ia bem como esperava, o deputado começou a suar frio. Depois procurou uma cadeira e se sentou. Quando se encerrou a apuração de Figueira do Sul, só apareceram sete votos. Isso mesmo: apenas míseros sete votos. Coutinho morreu ali mesmo, sentado.

O prefeito de Figueira do Sul se queimou no mercado por sua desonestidade. Ocorre também, entretanto, um tipo de situação em que o sujeito que acha que tem os votos, mas na verdade não tem. Ele pode ter sido enganado pelos cabos menores. Ou simplesmente ter superdimensionado seu carisma e sua influência sobre os eleitores de sua comunidade. De qualquer maneira, aí não estamos falando de má-fé. Isso é amadorismo, incompetência ou a combinação dos dois.

Trabalhar com pessoas de pouca experiência tem uma vantagem: elas custam menos. Quando arriscamos a contratação de um cabo eleitoral desconhecido, ele não deve esperar muitos adiantamentos. Nós fixamos com ele uma remuneração baixa e prometemos um bônus, uma comissão para premiá-lo caso a votação surpreenda positivamente.

Com relação aos traidores, eles são cobrados. O sujeito é obrigado a devolver o dinheiro na proporção dos votos que não entregou. Se acertou mil votos e entregou 500, devolve metade do pagamento.

Eu mando cobrar insistentemente. Não sou de perdoar fácil, mas também não gosto de dor de cabeça. Então, quando percebo que não há mais jeito, deixo para lá.

Tem deputado que, pelo contrário, não deixa nada passar barato. Esses políticos, especialmente os que são das antigas, dão muita importância à honra. Vão caçar até no inferno quem lhes passou a perna. Ou até aqueles que falharam por amadorismo. E quem vai cobrar é gente violenta. Muitas vezes, a polícia está no meio.

O cidadão vê sua casa sendo rondada à noite. Recebe ameaças de sequestro dos filhos, de assassinato da esposa. Então consegue dinheiro para pagar. Onde for. É como no caso da agiotagem: essa turma age como os membros do crime organizado. Mas posso assegurar que são a minoria.

Quem apela para a violência fica estigmatizado. Os cabos eleitorais honestos passam a evitar esses candidatos. Eles temem pelo pior caso não consigam o resultado esperado. Sem soldados para conseguir votos, eles se expõem a uma possibilidade grande de perder a eleição. Assim, a truculência nem de longe é uma tática inteligente.

Em regra, o deputado que ganhou a eleição dá esse dinheiro como perdido. Faz parte dos riscos do empreendimento.

3

Quem pede, quem manda e quem ameaça

O gabinete de um deputado é o seu quartel-general.

Os gabinetes têm uma importância fora do comum porque no Brasil a política é personalizada, fulanizada. Como disse um amigo meu, que foi líder partidário aqui na Câmara: somos, na verdade, 513 partidos políticos. Cada gabinete se converte em um comitê partidário próprio, num centro de operações que movimenta cifras bilionárias e muita influência.

Ninguém se sente em dívida com partido algum, apesar de tecnicamente devermos obediência às nossas lideranças. Ocorre que, na prática, nós somos os únicos responsáveis por nossa eleição. Eu recebi meus votos, não o partido. Sendo assim, não temos por que atuar coletivamente. Se algum vínculo nos liga a um partido, dele nos desfazemos com facilidade no primeiro momento em que nosso interesse pessoal se confronta com o da agremiação. Por isso esse negócio de fidelidade partidária não cola no

Brasil. A Justiça Eleitoral tentou impor essa fidelização na marra, mas não funciona. Logo demos um jeito de descobrir saídas. Nos vimos forçados até a criar novos partidos quando necessário, para garantir a nossa liberdade. Concentramos nossa energia para fortalecer o trabalho individual, pois ele é que nos dará votos.

Tenho minhas emendas, meus convênios, meus assessores, minhas obras, minha base eleitoral. Se tudo na minha vida política depende de mim mesmo, tenho mais é que valorizar o meu gabinete. Por isso, quando aparece alguém falando em aprovar aumento das verbas de gabinete ou do número de assessores, rapidamente consegue o apoio necessário. Taí uma coisa que unifica governo e oposição.

Não me importo se custamos, cada um, R$ 200 mil reais por mês ao povo brasileiro. Ele nos elegeu e nos deu a prerrogativa de gerirmos a Casa como convém à República. Não se iluda: todo esse dinheiro, que nem é tanto assim, abastece uma máquina que precisa funcionar ininterruptamente. E para o Brasil andar é necessário um Congresso feliz. Sem a estrutura necessária para trabalhar, não teríamos como examinar as matérias fundamentais para o desenvolvimento da nação. Seria o caos! Por isso, creio que somos contemplados com uma verba justa. E é justo que invistamos parte dessa verba para garantir o nosso futuro.

O futuro atende pelo nome de reeleição.

Por meio do gabinete, temos acesso a duas ferramentas fundamentais para nossa vida política: os cargos de livre nomeação e a cota parlamentar.

Podemos nomear até 25 assessores, o que, a meu ver, é pouco. Afinal, precisaríamos de ainda mais cargos para abrigar tantas lideranças que se envolvem em nossas campanhas. O cargo é um instrumento válido para manter essas pessoas perto de nós. É comum que os nomeados nem trabalhem. São pagos para ficar por perto quando precisarmos deles politicamente. Eu mesmo nomeei o filho de um prefeito amigo meu. O fedelho mora na capital do meu Estado, onde faz faculdade de Medicina. Passa todo o dia estudando. Seria exigir demais que ainda trabalhasse no Congresso.

Tem deputado que nomeia a namorada, mas isso é a maior besteira. A mulher acaba descobrindo, e aí...

É por isso que nos vemos obrigados a dividir o salário de um assessor entre mais pessoas. Ele recebe R$ 6 mil por mês no contracheque, mas sabe que terá que reembolsar R$ 4 mil. Assim, sobra dinheiro para dar emprego a mais pessoas. Além dos cabos eleitorais, é sempre conveniente incluir jornalistas nesse borderô. Ajuda a proteger ou promover nossa imagem.

E aí vem a cota parlamentar. Todas as despesas do gabinete são cobertas por esse dinheiro. É uma maravilha. Podemos gastar com quase qualquer coisa. E é um dinheirinho bom, recompensa justamente nosso trabalho. No ano passado, foram destinados R$ 159 milhões em cotas para todos os gabinetes.

A burocracia – sempre ela – nos obriga a apresentar notas fiscais para justificar os gastos e ter direito ao dinheiro. Felizmente para todos, nota no Brasil é a coisa mais fácil que existe. Quem examinar as prestações de conta do gabinete de um deputado vai se surpreender com o montante gasto no aluguel de carros, muitos carros. Somos praticamente sócios das locadoras! É tudo nota fria. Fica muito fácil receber o dinheiro dessa forma, pois não existe como verificar se usamos ou não os carros. O único senão é que você não vai conseguir nota de nenhuma locadora idônea – essas se recusam a cooperar com o Poder Legislativo. Não faz mal, sempre há empresas de fachada a quem recorrer.

Reunimos também recibos de profissionais liberais para justificar as despesas. São pessoas que, segundo a prestação de contas, estariam fazendo o mesmo que nossos assessores já são pagos para fazer. Mesmo assim cola. É claro que o dinheiro vem direto para meu bolso, pois a contratação é apenas simulada.

Precisamos ter muito dinheiro disponível, líquido. A sociedade quer que nos portemos como provedores, que resolvamos seus problemas pessoais. Obviamente não dá para fazer isso com nosso salário de miséria. Então é justo que nos apossemos de todo dinheiro possível para cumprir esse papel e ajudar nossos semelhantes.

É no gabinete que recebemos a multidão de pedintes que anda pelo Congresso todos os três dias da semana – terça, quarta e quinta-feira. Quando alguém bate à nossa porta, nunca é para nos oferecer soluções que facilitem a vida do contribuinte. Não. Quando a visita não vem fazer *lobby* de uma categoria, a conversa gira sempre sobre o interesse de uma pessoa ou de uma empresa. Ninguém neste país quer saber do coletivo, então por que nós deveríamos carregar a cruz sozinhos?

Não que eu tenha do que reclamar. Minha sustentação política vem dessa gente que pede, do lobista.

Para facilitar sua compreensão, vou classificar as pessoas que frequentam meu gabinete em três categorias: o corporativista, o individualista e o esmolé.

O corporativista é o mais "nobre" – assim mesmo, entre aspas, porque todos sabemos que nobreza é um atributo escasso nos corredores do poder. Esse aí é um lobista em busca de vantagens econômicas para seu grupo ou classe. É, por exemplo, atrelado a um grupo de megaempresas de um mesmo segmento. Se a classe for favorecida com a aprovação de um projeto de lei em tramitação, ele também tira benefícios pessoais. Quando tudo dá certo, o lobista ganha um dinheiro a mais e se legitima para representar os interesses de outros segmentos poderosos. Tudo feito muito às escondidas, pois não há regulamentação para isso no Brasil.

O individualista se difere do corporativista por caçar benefícios para empresas e pessoas específicas, não para a categoria ou o setor. Se o corporativista defende os interesses da indústria cervejeira, por exemplo, o individualista me procura para dificultar a vida dos concorrentes da IntBeer, uma gigante do ramo das bebidas.

Tempos atrás, havia um sujeito que passou semanas frequentando meu gabinete, onde aparecia quase todos os dias. Ele se chamava Alfredo Matsuda. Nunca o havia visto antes, mas já no primeiro encontro recebi de presente um single malt de 21 anos como prova de amizade – nada como um bom Scotch para azeitar a conversa. Pagou-me um jantar no Pirandello e até me ofereceu uma acompanhante, dessas que aparecem na TV. Não recusei a última oferta mesmo correndo o risco se a história vazasse. Foi uma noite daquelas! Quem é obrigado a passar a maior parte da semana em Brasília tem que encontrar meios de espantar a solidão. Felizmente o dinheiro e o poder funcionavam melhor que a beleza como atrativo para certas mulheres.

O fato é que o Matsuda tinha muito interesse na aprovação de uma lei que exigia a adoção de controles remotos com reconhecimento biométrico – de impressões digitais – pelas operadoras de TV a cabo. O objetivo da lei, no papel, era proteger as crianças do conteúdo pornográfico veiculado em alguns desses canais. Na cabeça do deputado Nestor Kato, que apresentou o projeto, a meta era bem diferente: privilegiar Matsuda, que patenteou no Brasil o tal mecanismo e era o único a fabricá-lo. O amigo ficaria rico da noite para o dia caso o projeto fosse aprovado. O deputado teria uma polpuda recompensa.

Como eu era o relator, também aproveitei para tirar proveito da jogada. Pena que o esquema foi descoberto e virou escândalo. O Nestor retirou o projeto e disse que não sabia nada do esquema. Eu voltei para meus negócios tradicionais. O Matsuda e a mulher que ele me apresentou – só depois descobri que eram casados – tentava dar um tempo em seu país de origem. Hoje ele já está de volta e está ganhando um bom dinheiro com licitações fraudulentas.

Não sou insensível ao assédio dos lobistas, mas nesse caso o uísque, as promessas e a noite de prazer não me comoveriam. Sou uma pessoa sensata e sei quem estava jogando contra a aprovação do projeto. Aquilo era uma causa perdida de antemão.

E há o tipo que eu chamo de esmolé. Ele quer tráfico de influência. ele nos faz agir em áreas e assuntos que não nos dizem respeito, ou pelo menos não deveriam dizer. Quer ser nomeado ministro ou desembargador em algum tribunal. Quer obter de um prefeito o título de propriedade sobre uma área em disputa. Pede interferência num processo judicial para reverter uma condenação. Quer ser promovido na carreira passando por gente mais dedicada. Faz de tudo para que você interceda junto ao Tribunal de Contas, para que ele reveja uma decisão que apontou desvio de verbas.

A pedido de um desses esmolés, tive outro dia de cuidar para que um engenheiro de tráfego fosse exonerado da chefia do Departamento de Trânsito de Barreirópolis. O sujeito era organizado demais. Em seu lugar, consegui a nomeação de um cabo de polícia.

Pede quem tem boca para pedir. Manda quem pode. Quem detém o poder de destruir a sua vida usa a chantagem para conseguir o que quer.

A chantagem é o único método eficiente de convencer um chefe partidário a agir como se desejasse muito a eleição de um inimigo mortal. Nas mãos do chantagista, ele parece estar imensamente devotado à campanha quando, no fundo, gostaria de voltar todas as suas baterias contra aquele a quem dá apoio formal.

A chantagem política pode ser fascinante para demonstrar que dinheiro não é tudo no nosso meio. O poder vale muito mais nesse caso. Não há fortuna que faça parar um homem muito poderoso obstinado a ameaçar e intimidar.

José Praxedes conheceu isso de perto. Há alguns anos, estava com tudo pronto para lançar o filho como candidato a deputado estadual. Como o velho já vinha de muitos mandatos como prefeito em Baixada Nova, onde era o principal cacique, nada mais natural que inserir o herdeiro nos domínios da política.

Estava fazendo tudo certo. O dinheiro para a campanha já estava assegurado. Vários outros prefeitos haviam assumido compromisso de votar no jovem. E o funcionalismo estava todo mobilizado.

Praxedes Filho já era tratado como deputado por onde passava. Agora era convidado para jantares por gente quem nem conhecia. O talento precoce para a vida pública e o olhar atento do pai asseguravam que ele não faltasse a nenhum compromisso social.

Mas um fato mudou o destino que parecia assegurado.

Em maio daquele ano, Praxedes recebeu um telefonema meu. Transmiti a ele um recado de um amigo comum: Jonas Hipólito, queria conversar pessoalmente com o prefeito.

Jonas era um antigo correligionário que foi nomeado conselheiro do Tribunal de Contas como prêmio de consolação pela perda de um mandato. No dia do reencontro, na capital do Estado, Praxedes caprichou nos rapapés ao saudá-lo:

– Por que não me disse antes que queria falar comigo? Quase toda semana estou aqui na capital. Já teria vindo.

– Sente-se aí, meu amigo Praxedes. Como estão as coisas?

– Tudo indo muito bem. Estou agora envolvido com a candidatura do Praxedes Filho. Quero fazê-lo deputado. Acho que chegou a hora de ele seguir o meu caminho.

– Esse menino terá um futuro brilhante, meu amigo. Mas eu lhe chamei aqui justamente para falar sobre isso. Estou precisando que você deixe esse projeto para depois. Devo muitos favores a uma pessoa, e ela exige que eu a faça deputada estadual. Vou precisar do seu apoio.

– Adoraria poder ajudar, mas a essa altura do campeonato se tornou algo impossível. Já acertei tudo com o partido e...

– Pois é, mas somos amigos há muito tempo. Você sabe que eu nunca tomaria seu tempo com isso se não fosse algo extremamente sério.

– Sinto muito, conselheiro Hipólito. Não posso.

– O que é isso, Praxedes? Tudo é possível. Só depende da força de vontade.

– Neste caso não dá mais. Sinto muito.

Praxedes pôs as mãos nos braços da cadeira, fazendo menção de se levantar para ir embora. Mas foi atalhado com uma frase surpreendente:

– É sempre bom lembrar que você ainda é prefeito. Não vá se esquecer disso.

– E o que tem isso?

– Tem que você é um gestor público. Quem julga suas contas é o tribunal que eu integro. Só isso. Essas aqui são todas as suas prestações de contas pendentes de julgamento. Vi que tem muita coisa mal explicada. Mas para tudo há um jeito.

– Não acredito que você vai fazer isso comigo...

– Praxedes, preciso muito eleger essa minha amiga deputada. Farei qualquer coisa para cumprir meus compromissos com ela. Há muita gente dependendo da ida dela para a Assembleia Legislativa. Espero que me entenda.

O experiente prefeito perdeu o chão. "O que vou dizer na Baixada Nova?", pensava. Sentia as entranhas se torcerem de ódio do antigo correligionário. Por outro lado, compreendia que essas eram as regras do jogo. Sua consciência parecia um jogo de pingue-pongue. No fim, cedeu.

Sozinho, deu à nova deputada estadual 20.500 votos. Mas seu filho não ficou na mão. Transferiu o título de eleitor para a cidade vizinha, de onde hoje é o prefeito. A deputada foi a sua mais importante cabo eleitoral. Hoje são todos amigos.

A chantagem é uma arma infalível se você está na posição certa para impor medo de represália. Assim se resolve muita coisa.

A chantagem é uma forma um tanto complexa de corrupção, pois quase sempre envolve um interessado e dois chantageados. Pense no caso de Praxedes: a candidata obrigou o conselheiro a chantagear o prefeito. O político corrompe o chantagista, o chantagista corrompe aquele que tem os votos. São duas corrupções numa só. Não é fascinante?

4

A compra do voto

Chegamos ao ponto crucial desta história toda. De nada valeriam as emendas parlamentares, as licitações arranjadas, os convênios fraudulentos e todos os esquemas que temos para desviar dinheiro para a campanha se não houvesse eleitores dispostos a vender seus votos. Não adianta xingar sete gerações da família de um político, eleitor vendido, quando você sabe muito bem o papel que desempenha no sistema. Você é um hipócrita, não existe outra palavra para defini-lo.

Desculpe o desabafo. Talvez você nunca tenha votado em ninguém por dinheiro. Nesse caso, você faz parte de uma minoria. Como são minoritários os políticos que não compram eleitores. Mas não se engane. Não vende o voto apenas quem recebe R$ 30, um remédio ou uma dentadura. Se você votou num sujeito porque ele prometeu regularizar seu lote irregular no condomínio de luxo, também mercadejou seu voto. Isso não tem nada a ver com classe social.

O esquema beneficia os dois lados. Deixe-me explicar como ele funciona.

Os líderes comunitários conhecem as necessidades dos eleitores que os cercam. Digamos que o bairro Riacho Fundo tem falta de vagas na creche, obrigando as mães a deixar suas crianças em bairros distantes. Para induzi-los a votar no candidato Zelão Cabaceira, o presidente da associação de moradores vai usar um discurso mais ou menos assim:

– Olha, conversei com o Zelão ontem mesmo. Ele prometeu que, se o elegermos, ele vai mexer os pauzinhos lá na prefeitura para conseguirmos a ampliação da creche. O homem é nosso.

É nessa hora, e não antes disso, que aparece o dinheiro para a compra do voto. Vem como um complemento, um mimo de última hora – a verdadeira motivação para a decisão de voto será a promessa de uma intercessão do deputado a favor dos interesses da comunidade. A caixinha serve para fortalecer a relação.

Não é sensato que o próprio candidato participe desses momentos. Em outros tempos, já participei de encontros em que havia até um médico para atender os eleitores, mas isso tem se tornado cada vez mais raro. A Justiça Eleitoral endureceu um pouco nos últimos anos. Por isso, agora enviamos gente do comitê de campanha. São eles que têm o dever de organizar a distribuição do dinheiro. Se algo der errado, podemos argumentar que foram opositores que armaram o esquema para nos prejudicar.

Manuel Rodrigues atua como coordenador da minha campanha na região dos Campos Altos desde a eleição passada. Tem uma experiência política impressionante. E é dele, dentro da sua área, a missão de distribuir dinheiro para a compra do voto. Nas vésperas do pleito, percorrem seu reduto discretas visitas domiciliares. Bate de porta em porta.

– Tenho aqui algo que o nosso candidato mandou para sua família.

E enfia no bolso da camisa do eleitor algumas cédulas de dinheiro.

Mas isso não é uma relação comercial comum. Não tem toma lá dá cá. Ninguém gosta de se sentir vendido. Tudo é feito de modo que o eleitor se sinta amparado pelo candidato, que o candidato tenha a imagem do patrono que aparece nos momentos difíceis e ainda dá um agrado de vez em quando. Seria até falta de educação não retribuir todo esse cuidado.

E não é que tem um monte de gente sem educação por aí? A perda de votos é enorme. Vários eleitores recebem dinheiro e não honram com sua palavra. Por isso é preciso prever uma certa "quebra" nos negócios, incluir essa margem de desperdício em nossas planilhas de cálculo eleitoral.

Um investimento seguro para o candidato é o chamado boca de urna. Mas atenção: esse termo tem um significado bem mais amplo do que aquele que você deve conhecer. Boca de urna não é só aquele sujeito que sai no dia eleição pedindo voto. Isso é até crime. No nosso jargão, boca de urna é uma pessoa contratada para fazer qualquer trabalho eleitoral. Os fiscais de sessão também estão enquadrados nessa categoria.

A lei nos autoriza a contratar agentes eleitorais. Eles distribuem santinhos, colam cartazes, fazem visitas às casas dos eleitores. E votam em nós. Porque o mais importante do boca de urna não é o voto que ele consegue, é o voto que ele dá. É ele quem está sendo comprado. Ele e a sua família inteira.

Antes de começar a trabalhar conosco, essas pessoas sempre são reunidas numa pequena aula para receber orientações. Nessas ocasiões, a instrução é explícita:

– Você tem que votar no doutor Peçanha. Você está trabalhando, tem a oportunidade de ganhar um dinheirinho bom. Deve agradecer ao deputado por não estar desempregado. Além disso, se ele ganhar, você pode até conseguir uma boquinha no governo.

Uma parte desse plantel pode até conseguir alguma coisa mesmo, a depender da sua importância. Um emprego de vigilante com o governo é coisa fácil de conseguir. Mas é claro que não dá para amparar a maioria.

O meu coordenador de campanha fica encarregado de mapear todo o pessoal contratado. Marca visitas e reuniões na casa de quase todos eles. É assim que sabemos quem de fato está envolvido na nossa missão.

Nos lugares maiores, essa tarefa é delegada ao cabo eleitoral. Ele terá de organizar, treinar e influenciar toda essa gente. São milhares de pessoas envolvidas por dinheiro na campanha. E o que é melhor: tudo dentro da lei.

Esse é o lado bom de escrever a regras que vão definir a nossa própria eleição. A lei não apenas tolera: ela expressamente autoriza a contratação dessas pessoas. Podemos até colocar na prestação de contas. E fica por isso mesmo. É o modo mais eficaz de comprar votos.

Eu compareço apenas às reuniões maiores, onde sou apresentado como o benfeitor.

– Queremos apresentar o deputado Cândido Peçanha! É ele quem está tornando tudo possível para nós!

O pagamento varia. No Distrito Federal, pagam-se R$ 70 ou mais por dia de trabalho. O que determina esse valor é a condição social do eleitor. Onde tem mais pobreza, mais barato é contratar gente para a campanha.

Hoje em dia se fala em militância paga. Não existe bobagem maior: militância, por definição, é voluntária. Ou você é um militante ou você trabalha mediante pagamento. Mas, se a lei passou a reconhecer a existência de militantes remunerados, quem somos nós para fazer pouco dessa gente que veste a camisa?

Ninguém quer trabalhar gratuitamente para os políticos. Mesmo pagando, é uma dureza garantir que essas pessoas vão votar na gente.

É preciso dar acompanhamento, estimular, monitorar. No dia da votação, nosso pessoal vai escoltar um por um até o local da votação, para ter certeza de que nenhum se absteve. Uma van pega os eleitores em casa e depois os entrega de volta. Tudo é avisado no ato da contratação. Ninguém deixa de votar. Se não votar, não recebe.

Eu gosto desse recurso como um complemento de outras estratégias mais eficientes. Mas tem candidato que se elege quase exclusivamente com os votos comprados no varejo.

Vou contar a seguir o que aconteceu com o deputado federal Aureliano Pessotti, eleito pelo meu Estado.

Ele contratou aproximadamente mil taxistas. No dia da eleição, eles recebiam de manhã cedo o tanque cheio e passavam o dia todo rodando por conta do candidato. No final do expediente, tinham direito a mais combustível, além de R$ 150 em espécie.

Dentro de cada carro, ia uma pessoa de confiança da campanha do candidato, que atuava como fiscal do trabalho do taxista. Cada motorista passava o dia indo às casas de seus conhecidos para oferecer carona até o local de votação. Ele entregava ao eleitor um panfleto com o número do candidato e pedia:

– Hoje você vai votar para cinco cargos, de deputado estadual a presidente. Queria lhe pedir um desses votos em troca da corrida. O Pessotti é nosso amigo, candidato a deputado federal. Garanto que é homem de bem.

Como resultado dessa estratégia, o Pessotti é hoje um dos responsáveis por elaborar as leis que governam a nação. E acho que vai prestar um grande serviço, pois provou que tem criatividade e empreendedorismo. Imagine todo o trabalho que ele teve para mobilizar tantos taxistas. E a quantidade de dinheiro envolvida? Sem falar na logística para distribuir combustível, dinheiro e material de propaganda. Eu tiro o chapéu para uma pessoa assim. E quando a Justiça Eleitoral vai saber disso? Nunca.

Um dos trunfos que todo candidato tem na manga é o funcionalismo público. Esse é todo manipulado eleitoralmente, especialmente nas pequenas cidades.

Jornalistas e pesquisadores usam as tendências políticas das grandes cidades para fazer projeções nacionais. Esse é um erro de que nós tiramos proveito. A maioria do eleitorado brasileiro está em cidades médias e pequenas. São elas que definem o resultado das eleições.

E, nessas cidades, a forma de fazer política não mudou nada desde o século passado – ou até o retrasado. Valem o tráfico de influência, o clientelismo, o apadrinhamento. Os funcionários públicos, sem exceção, têm o rabo preso com o grupo que detém o poder. É bom se registrar que não se ameaça diretamente servidor algum. A persuasão é sutil.

Procuramos inicialmente aqueles que não têm estabilidade: os que exercem cargos ou funções de confiança e os contratados sem concurso. São uma ajuda preciosa e inevitável. Eles não têm alternativa senão participar da campanha: paira sobre eles o temor da exoneração. Mas também colaboram por interesse próprio: ao impedir que a turma rival vença, garantem suas posições ao lado dos poderosos.

Esses servidores sem concurso são muitos. E seu número aumenta cada vez mais. Nós trabalhamos para isso. Lutamos para nomear pessoal que possamos aproveitar como cabos eleitorais. Escolhemos os ocupantes da maioria dos cargos pelo seu currículo, é claro. Quanto menos qualificação, melhor. Não há apoiador mais dedicado que uma pessoa desqualificada ocupando uma função bem remunerada. Sua gratidão é inquebrantável.

É preciso delicadeza para abordar o funcionalismo na hora de exigir votos. Nada de ameaças diretas. Por exemplo, o prefeito chega para um secretário municipal importante e diz assim: “Eu tenho um sobrinho candidato a deputado, ajude-o por favor.” O secretário sabe que terá de prestar aquela ajuda – e ajudar significa arrebanhar votos –, ou perderá o emprego. Ele repassa a mensagem no mesmo tom para todos os subordinados, até que o faxineiro da secretaria saiba que precisa votar no sobrinho do prefeito. No fim, todos os funcionários de uma secretaria, seus familiares, vários amigos e conhecidos empenharão seus votos nesse candidato. Isso decide uma eleição para o Legislativo.

É imoral, eu sei. Só que é mais honesto, a meu ver, que comprar o voto do cidadão diretamente com dinheiro vivo.

O funcionário nomeado é obrigado a participar da campanha. Cumpre expediente com verificação de presença e o diabo a quatro. Para evitar problemas com a Justiça, só passa a atuar para o candidato depois de esgotar a carga horária obrigatória da sua função.

Nos lugares mais atrasados, os funcionários concursados também são coagidos a votar e participar da campanha. Ocorre que, para convencer quem tem estabilidade, a tática deve ser um pouco mais dura. Ninguém se recruta se não houver ameaça em algum nível. Nada pesado, que envolva crime de sangue ou sequestro. A maior ameaça para um servidor público concursado é a transferência. Diga que ele será removido para um município remoto, sem educação adequada para os filhos, sem cinema, sem internet. Ele treme. Sugira sua mudança para uma posição meramente burocrática, que não negocie com fornecedores ou gente com pendências legais. Ele assina na hora com você.

Há vários anos, causou um certo escarcéu o caso de Severino Padilha, o prefeito de Altavista. Mas esse só podia ser maluco.

Padilha chegou à rádio da cidade e disse, para quem acessasse a frequência da emissora, que os funcionários todos eram obrigados a votar em seus candidatos. Aos desobedientes, ofereceu o olho da rua. E não apenas isso. Um desafeto do prefeito gravou em fita cassete o trecho em que ele diz com todas as letras:

– Os descontentes podem se matar. A família receberá o caixão como uma doação da prefeitura.

5

O mito do voto secreto

Encerrada a votação, o candidato pode vencer ou perder. Independentemente desse resultado, ele vai cobrar a lealdade daqueles que deveriam ter votado nele.

Como fazer isso? Você pode argumentar que, com o sigilo do voto, não dá para exigir do eleitor que entregue o voto comprado. Você anda confiando demais na propaganda do TSE. Valendo-se de algumas artimanhas, é possível rastrear os votos empenhados.

Algumas seções têm 150, 200, 250, 400 eleitores. No máximo. Nesse bairro ou povoado, todos conhecem todos pelo nome e sobrenome. Os pais e irmãos de cada morador são conhecidos em toda a comunidade.

Então, como o líder comunitário acertou uma dada quantidade de votos, essa votação terá que aparecer. Se não aparecer, haverá problema para os moradores.

Assim, o eleitor decide não arriscar. Se ele votar em quem o líder está pedindo, pode vir a conseguir algum benefício pessoal no futuro. Mas, se traí-lo, corre o risco de ser descoberto. Aí, além de perder qualquer vantagem, pode sofrer represálias.

Além do mais, uma parte enorme do eleitorado acredita que dá para saber em quem ele votou. É gente inocente induzida a pensar que é impressa uma marca pessoal na urna eletrônica – e que essa marca pode cair nas mãos de gente do partido. A primeira coisa que o cabo eleitoral faz é anotar o número do seu título. A segunda é dizer: "Olha, eu vou lá à seção eleitoral para saber se esse voto apareceu."

O eleitor fica receoso e calcula: "Se não aparecer nenhum voto na urna para esse candidato, saberão que eu não votei." Então, pelo menos na sua cabeça, ele perderá o acesso àquela pessoa capaz de resolver seus problemas emergenciais.

A tática é mais valiosa ainda quando aplicada no atacado. Digamos que dez pessoas da mesma família votem na mesma seção. Deixamos claro que exigiremos todos os dez votos naquela urna. Cada um fica com medo pelo destino dos outros. Os laços familiares são os mais fortes que existem – as pessoas preferem trair sua consciência a prejudicar um ente querido. Então todos esses votos estão praticamente no bolso.

O pagamento *a posteriori* funciona que é uma maravilha. Dizemos a um certo número de eleitores que eles só receberão seu pagamento depois que tivermos verificado se todos honraram o compromisso. Eles não apenas votam como ficam de olho para que todos os outros façam o mesmo. Ficam com medo de que algum dos demais traia o combinado e todos se prejudiquem. Alguns até convencem outras pessoas a colaborar conosco, para cobrir o prejuízo de um eventual traidor.

Outra prática que não foi aposentada até hoje é dar uma parte de um artigo ao eleitor e prometer a peça faltante para depois da eleição. Tem gente que recebe um pé de sapato, uma panela de pressão sem tampa ou uma bicicleta sem rodas com o compromisso de, em caso de vitória do candidato – muita ênfase nesta parte –, conseguir o outro pedaço. É cruel, eu sei. Mas acontece, e muito frequentemente, em todo o Brasil. Se você pensa que isso é coisa do passado, só posso dizer uma coisa: você perdeu!

Digo a você que em plena Serra Gaúcha, região próspera e civilizada, isso ocorre. Houve um prefeito naquela região que fez campanha distribuindo cédulas de R$ 50 cortadas ao meio. A outra metade do dinheiro foi entregue após o pleito. Acabou eleito com uma larga margem – não dá para não aceitar o fato de que o sujeito foi muito engenhoso.

O voto não é sigiloso no Brasil, pois há muitas formas de monitorá-lo. E todo o esquema de compra de votos funciona justamente por causa dessa possibilidade de controle.

Uma vez que o eleitor assumiu o compromisso de dar o voto para um candidato, basta verificar se ele compareceu, o que é fácil de fazer. Aí é só checar se o candidato foi votado naquela urna. Simples, não?

Imagine as sessões instaladas nas comunidades do interior, em povoados ou distritos. Às vezes elas reúnem menos de 400 eleitores. É pouquíssima gente, todo mundo mora ali, e há um líder comunitário monitorando tudo para o candidato. É assim que eu faço. Tenho o monitoramento de tudo. E, por isso, eu sempre venço.

QUER SABER MAIS SOBRE A LEYA?

Fique por dentro de nossos títulos, autores e lançamentos.

Curta a página da LeYa no Facebook, faça seu cadastro na aba *mailing* e tenha acesso a conteúdo exclusivo de nossos livros, capítulos antecipados, promoções e sorteios.

A LeYa está presente também no Twitter e Google +

www.leya.com.br

facebook.com/leyabrasil

@leyabrasil

google.com/+LeYaBrasilSãoPaulo

Este livro foi composto em
Original Garamond BT
e impresso para a LeYa
em maio de 2014